아메리카, 파시즘 그리고 하느님

아메리카, 파시즘 그리고 하느님

2007년 8월 31일 초판 1쇄 발행. 데이비슨 뢰어가 쓰고, 정연복이 옮겼습니다. 도서출판 샨티에서 이홍용과 이평화가 기획 편집하여 펴내고, 박선희가 본문 교정을, 장정희가 본문 디자인을, 디자인 비따가 표지 디자인을 하였으며, 송승용이 영업을 합니다. 제판은 푸른서울, 인쇄 및 제본은 상지사에서 각각 하였습니다. 출판사 등록일 및 등록번호는 2003. 2. 6. 제10-2567호이고, 주소는 121-837 서울시 마포구 서교동 339-4 가나빌딩 4층, 전화는 (02)3143-6360~1, 팩스는 (02)338-6360, E-MAIL은 shanti@shantibooks.com입니다. 이 책의 ISBN은 978-89-91075-40-5 03100이고, 책값은 12,000원입니다.

아메리카, 파시즘 그리고 하느님

데이비슨 뢰어 지음 | 정연복 옮김

【산티】

차례

3부 아메리카

4부 정직한 종교

머리말

이 작은 책은 미국 대통령 선거 닷새 후인 2004년 11월 7일에 한 설교 때문에 나오게 되었다. 〈파시즘 아래의 삶Living under Fascism〉이라는 제목으로 한 그 설교에서 나는, 내가 보기에 그 양상이 매우 분명한 것들, 즉 금권 정치, 제국주의, 그리고 근본주의가 동시에 권력으로 부상한 것을, 미국형 파시즘—위협적으로 보여야 한다는 논리적 함축을 가진—의 확립이라는 훨씬 더 큰 양상으로 묶어냈었다.

나는 이 나라와 이 나라의 영혼 둘 모두를 걱정한다. 둘 모두 심각한 문제를 안고 있다. 미국은 자신의 경제적 목적에 필요한 자원과 위치를 가진 주권 국가들을 선제 공격한다는 위험하고 오만한 정책, 즉 1939년 히틀러의 폴란드 침략으로 마지막 악명을 떨쳤던 정책을 되살려내고 있다. 우리의 정치인들은 너무나도 탐욕스럽고 피비린내 나는, 그래서 고귀한 이상들을 가지고는 도저히 방어해

낼 수 없는 제국주의적 야망을 우리의 이름으로 서둘러 승인해 왔다. 거기에 아무런 의문도 제기하지 않는 대중 매체는 마치 공동 음모자들처럼 보인다. 그리고 교회는 우리 혹은 우리의 최고의 이상들을 섬길 만한 비전vision과 용기가 없어 보인다. 우리의 정치인, 우리의 대중 매체, 그리고 우리의 공식적인 종교에 우리의 높은 이상과 부드러운 자비심을 안심하고 맡길 수 없다면, 우리는 심각한 문제 속에 빠져 있는 것이다. 그러할 때 민주주의, 자유, 정직한 종교로 복귀하는 것은, 물론 가능할 수도 있겠지만, 매우 어려운 일이 될 것이다.

이 책을 쓴 데에는 믿음에 충실하려는 이유와 애국적인 이유도 있지만, 그에 못지않게 개인적인 이유도 있다. 나는 1942년에 태어났으며, 미국의 한 중산 계급 가정에서 자랐다. 나는 미국이란 나라가 중산 계급을 떠받드는 나라요, 국내외에서 최고의 도덕적 · 윤리적 가치들을 옹호하는 민주주의의 나라라고 믿었고, 그런 미국을 사랑했다.

존 F. 케네디 대통령이 암살된 뒤 일주일도 안 되어, 내가 살던 지역의 징병위원회는 케네디가 살해될 무렵만 해도 취소할 예정이었던 베트남 병력 증강 계획을 오히려 강화해 그 할당 인원을 열 배로 늘렸다. 그 당시는 내가 학교를 한 학기 쉬면서 대출받은 학자금을 상환하던 때로, 나는 곧 징병될 예정이었다. 그래서 나는 군대에 자원 입대를 하고, 그 일을 사뭇 중요하게 받아들였다. 나는 독일의 바드 톨츠에 있는 육군 최우수 하사관 학교, 그리고 포병 장교 지원 학교를 졸업했다. 나는 군인 4천 명을 훈련시키는 여단의 여단 지원 부관으로 복무하고, 그 다음에는 베트남에 파병되었다. 베트남에 도착한 후 직무 면접에 해당하는 것을 치르고 나서 보직이 변경되었다. 나는 베트남 내 (장교 클럽이 아니라) 사병 클럽에서 나오는 이익금으로 재원을 마련한 판공비를 가지고 공항에서 연예인들을 만나 그들에게 식사를 대접하는 베트남 연예 장교가 되었다. 공식적으로 우리는 방문 공연 및 연예인들의 여행 일정을 짰다. 로이 로저스Roy Rogers, 데일 에반스Dale Evans(두 사람 모두 미국 카우보이 영화에 출연한 유명한 배우들이다—옮긴이)와 어느 날 오후 함께 맥주를 마셨던 일은 내 젊은 날의 스릴 넘치는 일 중 하나였다. 비록 내 안에 있는 어린 소년은 그들이 정말로 맥주를 마셨다는 걸 거의 믿지 못하지만 말이다!

장교 지원 학교 시절의 한 동료가 전쟁 영웅으로 훈장을 받았을 때, 나는 내가 전투에 참여하지 않고 있다는 사실 때문에 비겁하다는 생각도 들고 죄의식도 느꼈다. 만일 아무런 전쟁 경험도 없이 집으로 돌아간다면, 나는 그런 내 자신을 데리고 살고 싶지 않을 것 같았다.

그래서 나는 전장으로 자리를 옮겼다. 베트남에서의 마지막 일곱 달 동안 나는 종군 사진 작가, 그리고 쑤언 록에 위치한 11연대 기갑 부대 소속 17대대 공보관실의 홍보 담당관으로 지냈다. 나를 향해 총알이 날아왔고, 박격포 공격을 받았다. 나는 내 앞 4.5미터 전방에 웅크리고 앉아 있던 북베트남 군 장교가 내 머리를 겨냥했던, 그러나 내 옆에 있던 두 사람 손에 먼저 사살됨으로써 미처 발사하지 못한 총알을 기념품으로 갖고 있다. 조국을 위하여 내가 해야 할 일을 하고 또 잘하려고 애썼음에도 나는 부상을 입지 않았고, 이따금 겁을 집어먹었으며, 결코 영웅적이지 못했다. 그러기는 했어도 내가 베트남에서 보낸 시간, 특히 마지막 일곱 달은 나에게 신성한 시간이었다. 나는 그것을 그 무엇과도 바꾸려고 하지 않았다.

나는 조국을 믿었으며, 용기는 특별한 권한이나 뇌물을 써서 전쟁을 피하려 애쓰기보다는 전쟁에 직접 참여하는 데 존재한다는 것을 배웠다.

1967년 귀국한 뒤로, 우리가 베트남에서 그 어떤 권한도 갖고 있지 않았다는 것, 우리 군인들이 결코 떳떳하지 못한 목적을 위해 목숨을 잃었다는 것, 그리고 우리가 죽인 100만 혹은 그 이상의 베트남 사람들이 정당한 전쟁이 아닌 무지하고 오만한 살육의 희생자였다는 것을 스스로 인정하기까지는 거의 20년이라는 세월이 걸렸다.

그 전쟁 후 나는 내가 알고 있던 것보다 훨씬 더 망가져 있었다. 나는 힘겹게 대학을 다녔고, 음악 학위를 받았으며, 사진 스튜디오를 차렸다. 그 다음에 한 일은 목수일과 음주였다. 1978년, 나는 처음으로 진짜 '소명', 즉 목회에 대한 소명을 느꼈다. 그것은 낭만적으로 생각하듯이 그리고 흔히들 오해하듯이 '하느님God을 섬기는'

것이 아니었다. 그것은 미국, 민주주의, 그리고 하느님 같은 상징들이 자신의 존엄함과 고결함을 위해 의존하는 이상들을 섬기는 것이었다. 정직한 종교는 삶에서 가장 중요한 물음들에 말을 건다. 어쩌면 나는 그러한 '전선들front lines' 에 서보는 경험을 원했을 것이다.

나는 또 좋은 교육을 받고 싶었다. 그래서 신학교에 가지 않고 시카고 신학대학에서 인문학 석사와 박사 학위를 땄다. 거기에서 나는 헌신과 용기를 갖고 섬기는 높은 이상들을 발견했다. 나에게 있어 그것은 삶의 거룩한 중심에 아주 가까운 것이었다. 나는 내가 알코올 중독자라는 사실을 알고 있었다. 동시에 술에 찌든 상태로는 고된 대학원 과정을 끝마치지 못하리란 사실도 알았다. 수업이 시작되기 한 달 전, 나는 이 새로운 소명에 힘입어 스스로 술과 담배를 끊었다.

온갖 종류의 정통 신앙orthodoxies이라는 것이 있지만, 나는 그런 것이 겉으로는 문제가 없어 보여도 속으로는 위험성이 숨어 있는 모종의 클럽에 가입한 사람들—종교를 찾은 사람들이 아니라—의 가장 저급한 공통 분모라고 늘 생각해 왔다. 그것은 나를 타고난 이단자로 만든다. 사람들은 이단heresy을 나쁘다고 생각하지만 사실은 그렇지 않다. 그것은 '선택하다' 를 의미하는 그리스 어에서 유래한다. 선택한다는 것이 왜 잘못된 것으로 보이는가? 일부 오만한 작은 집단들이 선택은 끝났다고 선언했기 때문이요, 그들 자신만이 이 모든 '하느님의 일' 을 이해시킬 수 있다고 생각했기 때문이다.

그러할 때 그들의 선택 기준을 통과하지 못한 사람은 이단자로 정의된다.

나는 종교를 직업으로 선택했다. 왜냐하면 종교는 신들gods로 상징되는, 삶의 가장 영속적인 이상, 원동력, 그리고 헌신을 명확하고 조리 있게 표현하고 섬기는 것과 관련되는 유일한 학문처럼 보였기 때문이다. 나는 목회를 선택했다. 왜냐하면 내가 시카고에서 지적인 토론을 몹시 좋아하던 시절, 학문 연구라고 하는 것이 종종 그리고 쉽사리 생각에 관한 생각에 관한 생각 안으로 빠져들곤 했기 때문이다. 나는 생각들을 지상으로 끌어내리고 싶었고, 이 생각들은 지상의 실제적인 삶 속에서 몸부림치며 살아가는 실제적인 사람들에 의한 시험을 견디고 살아남아야 했다.

그러나 추상적인 것들에 대한 나의 관심은 여전히 강하게 남아 있었다. 그것이 내가 정치에 연루되지도 않고 또 정치를 좋아하지도 않는 주된 이유이다. 정의상 그리고 필연적으로 정치는 하나의 부분적인 비전vision이 나머지 부분적인 비전들을 지배하려고 벌이는 영원한 투쟁이다. 그러나 나는 부분적인 비전들에 대한 헌신이라는 것이 우리의 해결책이 아니라 문제라고 여긴다. 그렇다. 종교란 어쩌면 그 유익함만큼이나 많은 해를 끼쳐왔을지 모른다. 종교에 군대가 주어질 때는 특히 그렇다. 사람들에게 능력을 주기보다는 사람들을 노예로 만들기를 원하는 교조적인 설교자, 선동적인 정치가는 하나같이 종교를 강탈한다. 그럼에도 불구하고 나는 종교가 최선의 출발점이라고 생각한다.

그러나 나는 그야말로 철저한 이단자다. 만일 내가 장로교인이라면, 나는 장로 제도를 비난할 것이고, 나아가 우리가 반드시 장로교인이나 심지어 기독교인이 되어야 하는 것도 아니라고 주장할 것이다. 우리는 다만 서로 사랑하고, 그리고 어느 정도는 사랑으로 정의될 수도 있는 정의正義를 위해 일하면 그뿐이다. 나는 아마 미국에서 가장 자유주의적인 장로교 교파라 할 연합 그리스도 교회United Church of Christ에서 목회를 시작할까도 생각했었다. 그러나 나는 결코 기독교인이었던 적이 없다. 1991년 이래로 나는 예수 세미나Jesus Seminar의 회원으로 있는데, 그것은 인간 예수의 가르침 중 많은 것이 내 마음에 들었기 때문이다. 나는 '예수의 종교religion of Jesus'를 좋아한다. 하지만 베드로, 바울, 그리고 초기의 교부들이 만들어낸 '예수에 관한 종교religion about Jesus'를 좋아한 적은 한 번도 없다.

그래서 (삼위일체론을 부인하여 그리스도를 신격화하지 않고 신은 하나뿐이라고 주장하는 유니테리언주의와 구원은 개인에 한정되는 것이 아니라 종국에는 인간 모두가 구원을 받는다고 주장하는 보편구제설이 통합되어 나온—옮긴이) 유니테리언 보편구제설 협회Unitarian Universalist Association 산하에서 열심히 목회를 하면서도, 나는 내 자신을 유니테리언 보편구제설 신봉자가 아니라 종교적 자유주의자로 묘사한다. 나는 미국의 사회적 · 정치적 좌파가 범한 잘못이 이 아주 조그만 운동(유니테리언 보편구제설 협회를 말함—옮긴이)에서 그대로 축소되어 나타나는 것을 본다. 이 운동의 중심은 종교적이기보다는 정치적이며, 자신과 마주치는 모든 자유주의적 유행을 하나하나 다 집어삼켜 버릴 것처럼 보인다. 그럼에도 그것은 다른 어떤 종교 협회보다도 더 많은 자유를 제공한다. 여기 말고 나 같은 이단자에게 어울리는 집은 아마 어디에도 없을 것이다.

지난 20년 동안 나는 내가 특별히 섬겨온 사람들이 더 훌륭한 사람, 파트너, 부모, 그리고 공적인 시민이 되도록 도우려고 애썼다. 우리는 우리가 태어나면서부터 가진 원재료를 가지고, 즉 우리가 인간으로서 갖고 있는 잠재력을 충분히 발휘하며 또 건강한 존재로서 이 세상을 살아가기 위해 감당해야 할 도전을 얼마나 진지하게 받아들이느냐에 따라 선하게 될 수도 악하게 될 수도, 깊이 있게 될 수도 천박하게 될 수도, 축복이 될 수도 저주가 될 수도 있는 원재료를 가지고, 고상한 사람들noble humans을 창조해 내도록 애써야 한다. 우리의 일은 우리 자신, 가족과 친구, 그리고 우리의 더 큰 공동체를 위해 긍정적인 차이들을 만들어내는 것이다.

이 말이 종교적인 말처럼 들리지 않는다 해도 우리는 그렇게 말해야 한다. 다시 말해 알아듣기 힘든 전문적인 종교 용어로 휘장을 씌우지 말고 보통의 언어로 표현해야 한다.

그것은 이 세상 어떤 종교의 클럽 이야기club talk로든 쉽게 번역될 수 있다. 독일 기독교인으로 신비주의 사상가였던 마이스터 에

크하르트Meister Eckhart가 말한 것처럼, 보통의 언어로 표현하는 것은 우리의 불성佛性을 깨달으려고 노력하고, 우리 안에 있는 하느님의 씨앗이 자라나게 하려고 노력하는 일이다. 그것은 도道를 발견하고 도의 일부가 되려고 노력하는 일이다. 그것은 우리의 아트만 atman 혹은 영혼이 우주를 창조하고 지탱하는 힘인 브라만의 가장 본질적인 부분이라는 힌두교의 가르침을 진지하게 받아들이는 일이다. 각각의 클럽 이야기는 각기 자신들의 토착 종교에 따라 특유의 표현법을 쓰고 있으며, 각 클럽 사람들은 그 '클럽 안에' 있는 사람들과 가장 쉽게 때로는 오직 그 사람들하고만 소통한다. 이와 달리, 보통의 언어는 모든 시간 모든 장소에 있는 대다수 사람들과 소통할 수 있는 방식이며, 우리가 하고 있는 말이 실제로 어떤 뜻인지 알아들을 수 있도록 휘장을 걷어치우고 이야기한다. 보통의 언어야말로 가장 정직한 종교의 언어이다. 나는 이 책에 실은 모든 설교에서 바로 그런 언어를 쓰려고 애를 쓸 것이다.

그렇다. 설교이다. 하지만 당신은 이렇게 물을지도 모른다. "설교라는 게 단지 우리가 사서는 안 될 것을 사게 만들려고 우리를 속이려 애쓰는 그런 것 아닌가? 설교자들은 '고백적 진리confessional truth', 곧 너무나 편협해서 이 종교 혹은 저 종교의 편견 안에서나 겨우 들어맞을 수 있는 진리를 가지고서 말하는 것이 아닌가?"

만일 이 책의 설교들이 종교 특유의 용어로 표현된다면, 당신의 질문에 대한 답변은 "그렇다"이다. 그러나 만일 이 설교들이 평범한 말로 이뤄지고 모든 물음과 비판에 열려 있다면, 그 답변은 "설교는, 그것이 정직하게 행해진다면, 우리로 하여금 더욱 온전하고 더욱 진짜답게 자라도록 도와줄 깊고 심원한 가치들과 우리를 재연결시켜 주려고 애쓰는 것"이 될 것이다. 똑같은 방식으로, 기도는 우리가 받지 못한 개인적인 은총을, 우리 생각에 너무도 어리석어서 우리를 꿰뚫어보지 못한다고 추정하는 하느님으로부터 뭔가를 얻어내려는 끈질긴 요청에 불과한 경우가 많다. 그러나 우리가 우리의 결점과 약점을 끊임없이 인식하고 인정하며 지금까지의 우리의 모습보다 더 나은 사람이 되기를 바라면서 정직하게 기도할 때, 기도는 정직과 겸손의 분위기를 창조하려는 반쯤은 시적인 노력이 된다.

종교는 하느님에 관한 것이 아니다. 종교는 더욱 온전해지고 whole 더욱 진짜다워지려는authentic 것과 관련된 것이다. 나는 종교적 자유주의자이다. 내가 그렇게 된 까닭은 종교적 자유주의가 모든 종교 스타일 가운데서도 가장 정직하고 용기 있으며, 또 지난 2,500년 동안 내내 그래왔기 때문이다.

이 책은 경고라기보다는 상세한 사후 분석이다. 우리 대부분이 사랑했던 미국은 우리의 가장 탐욕스러운 사람들 중 일부의 금전적인 또 제국주의적인 허기를 채워주려고 교묘하고 조직적으로 살인을 저질러왔다. 이 죽음의 결과들을 헤아리기는 어렵지 않다. 미국은 식자율識字率에 있어 세계에서 49위이며, 수리數理 능력에서는 40

개국 중 28위이다. 유럽은 1990년대 중반에 미국을 앞질러 과학 문헌의 최대 생산자가 되었다. 세계보건기구WHO는 미국을 의료의 질은 세계에서 37위로, 의료의 공평성은 54위로 평가했다. 미국과 남아프리카공화국은 선진국 중 전체 국민에게 의료를 제공하지 않는 유일한 두 국가이다. 건강 보험에 들어 있지 않아 아무런 혜택도 받지 못하고 죽음에 이르는 미국인이 해마다 약 1만 8천 명인데, 이는 9 · 11 사태로 죽은 사람 수의 여섯 배에 달하는 숫자이다. 오늘날 미국의 아동 빈곤율은 선진국 23개국 가운데 22위이다.(꼴찌는 멕시코이다.) 미국의 여성들이 출산시 사망할 가능성은 유럽의 여성들보다 70퍼센트나 더 높다. 약 360만 명의 미국인이 2004년의 고용보험을 바닥냈고, 180만 명의 노동자들(즉 5명 중 1명)이 6개월 이상 실직 상태에 있다. 전체 미국 어린이 중 3분의 1이 비결혼 관계를 통해 태어나며, 전체 미국 어린이 중 절반이 한부모 가정에서 살아가게 될 것이다. 다른 한편으로, 오늘날 미국인들은 영화나 비디오, DVD, 음악, 그리고 책을 구입하는 데 들이는 비용을 모두 합한 것보다 더 많은 돈을 도박에 쏟아 붓는다. 미국인 네 명 중 거의 한 명꼴로 자신이 원하는 것을 얻기 위해 폭력을 사용해도 좋다고 믿는다. 이와 관련된 사실로, 2002년에 90만 명에 이르는 아이들이 학대받았거나 방치되었다.(이상의 통계들은 《뉴욕 타임스》, 그리고 마이클 벤추라Michael Ventura가 2005년 1월 31일 《오스틴 크로니클*Austin Chronicle*》에 쓴 〈넘버 1?〉이라는 논문을 포함한 다양한 온라인 자료에서 가져왔다.)

이러한 통계들과 그 밖의 여러 통계들을 통해 우리가 보는 것은, 우리에게 권한을 부여하기보다는 우리를 노예로 삼으려고 하는 사람들 간의 결탁으로 인해 돈과 마음과 영혼을 강탈당한 나라의 모습이다. '명령과 통제의 정부'로의 복귀는 미국에서만이 아니라 제도화된 종교들에서도 대대적으로 일어나고 있다. 이는 근본주의의 발흥, 과거 히틀러 청년단 멤버였던 라칭거Ratzinger 추기경의 새 교황 피선과 함께, 또 우리가 원하는 석유나 지리적 위치를 가진 나라에 대한 침략을 계속 강조하고 그 과정에서 수십만 명의 사람을, 그들 목숨은 우리 것보다 덜 소중한 목숨이기라도 한 양 함부로 살육하는 일과 함께 일어나고 있다.

희망을 잃기는 쉽다. 나는 미국의 위대한 철학자 릴리 톰린Lily Tomlin이 "내가 아무리 냉소적이 되어도 삶을 지탱할 수가 없다!"고 한 말을 기억한다. 냉소주의를 해결하는 방법은 희망과 비전과 용기를 결합하는 것이다. 그리고 그것만이 고려할 만한 가치가 있는 유일한 길이다.

내가 살아본 과거 어느 때보다도 지금 우리한테는 정직과 용기가 필요하다. 왜냐하면 미국의 민주주의에서 이뤄진 자칫 깨지기 쉬운 실험이 세 가지 강력한 힘, 즉 돈과 권력과 종교의 왜곡된 조작들로 인해 끝장이 났기 때문이다. 오늘날 우리의 경제는 노동자의 몫을 강탈해 소유자에게 주는 약탈적 형태의 금권 정치로 정의된다. 우리의 정부와 군대는 세계 지배라는 흉악한 꿈에 끌려 다닌다. 그리고 정직한 종교와 정직한 정부에게 가장 뿌리 깊은 적은 근본주의로 알려진 문자주의 형태의 종교이다.

오늘날 미국에서 볼 수 있듯이, 근본주의는 늘 탐욕, 잔인성 그리고 전쟁과 자연스러운 동맹자로 나타난다. 팻 로버트슨Pat Robertson(목사로, 미국 기독교 우파의 최대 조직인 '미국 기독교 연합Christian Coalition of America'의 창설자—옮긴이)이나 제리 폴웰Jerry Falwell(목사로, 미국 기독교 우파의 정치 조직인 '도덕적 다수Moral Majority'의 창설자—옮긴이) 같은 사람이 "부자에게 세금을 부과해서는 안 된다"고 말하고, "가난한 사람들을 위한 복지 프로그램을 만들어서는 안 된다"고 말하며, 테러리스트들을 추적하여 "주님의 이름으로 사살해야" 한다고 말하는 것을 들을 때, 당신은 정직한 종교로부터 그리고 수수한 인간적 품위로부터 아주 멀어지게 된다. 그것은 예수가 행하려던 것이 아니다.

이 강력한 세 가지 흐름, 즉 금권 정치와 제국주의와 근본주의는 점점 그 꽃을 활짝 피워가는 원파시즘proto-fascism에 우리를 더 가까이 데려가고 있다.

나는 미국의 정치와 종교, 그리고 대중 매체의 지도자들을 공격함으로 해서 그들이 잘못 이끌고 있는 대다수 미국인을 공격할 생각은 없다. 모든 정치 집단과 종교 집단 속에서, 그리고 교회에 전혀 나가지 않는 익명의 수많은 미국인들 속에서, 우리는 똑같이 지적이고 남을 배려할 줄 알며 도덕적인 사람들을 발견한다. 우리는 그들 모두가 필요하다. 전체적으로 사람들은 선하기 때문이다. 우리는 원죄뿐만 아니라 남에게 베풀 선물도 가지고 태어난다. 우리가 타고난 주된 죄는 우리 자신과 우리의 견해를 너무 진지하게 받아들이고 또 숭배한다는 것이다. 우리가 태어나면서부터 받은 주된 선물은 선량한 마음, 상식을 갖춘 선량한 정신, 그리고 우리가 일단 각성되고 나면 엄청나게 발현되는 헌신과 용기이다.

만일 이 말이 설교처럼 들린다면, 그것은 내가 목사이기 때문이다. 지난 수십 년 동안 우리가 찬란하게, 난폭하게, 거의 완전하게 도둑맞은 미국의 모습, 곧 훨씬 더 정직할 뿐더러 권력을 독차지하지 않고 위임할 줄 아는 그런 미국의 모습을 향해 우리가 나아갈 수 있도록, 나는 당신을 회심시키고 싶다.

왜냐하면 '미국'이라는 강으로 흘러드는 세 가지 흐름, 다시 말해 제국주의와 금권 정치와 근본주의는 하나같이 생명을 유지시키기에는 지나치게 오염되어 있기 때문이다. 우리가 사랑하는 이 나라의 저급하고 비열하고 도둑 같고 살인자 같은 현재 모습보다는 에이브러햄 링컨이 "우리 본성의 더 착한 천사들"이라고 불렀던 모습을 바라보고 사랑하고 갈망하고 요구하고 또 그것을 위해 일하도록 우리를 인도할 다른 선택, 이단적인 선택을 할 수 있는 용기와 통찰력이 우리한테는 필요하다.

오늘날 민주당이라고 해서 공화당보다 더 쓸모 있어 보이지 않는다. 둘 다 대기업과 탐욕스러운 부자들의 특별한 이익을 실어 나르는 중고 자동차처럼 움직인다. 그러니 자유주의 정치의 정신은 새로운 옷, 아마도 진보주의라는 옷을 차려입어야 할 것 같다. 이것은 정치적 논쟁이며, 거기에 많은 목소리가 포함된다면 풍요로운 논쟁이 될 수 있을 것이다.

하지만 이는 한갓 정치적인 논쟁만은 아니다. 더 근본적으로 그리고 더 깊은 차원에서, 이는 실제로 우리의 나라와 법을 인도하는 심원한 가치와 그에 대한 헌신을 둘러싼 종교적인 논쟁이다. 나쁜 행동은 나쁜 나무의 열매이다. 그러므로 우리가 개심시킬 필요가 있는 것은 우리의 정치라기보다는 우리의 종교이다. 신들이 죽으면, 그 시체는 곧바로 매장되지 않는다. 그 시체는, 한 사회가 정서적으로 가장 많이 기대고 있는 상징들을 통제함으로써 그 사회 자체를 웬만큼 통제할 수 있다는 것을 아는 최악의 사기꾼, 선동가 손에 놀아나는 꼭두각시로서 수세기 동안 사라지지 않고 머물러 있다.

이것은 새로운 얘기도 아니다. 로마 제국이 통치하던 시기에 세네카는 이미 이렇게 썼다. "종교를 보통 사람들은 참된 것으로, 현명한 사람들은 거짓된 것으로, 그리고 통치자들은 쓸모 있는 것으로 간주한다." 오늘날에는 고대의 세네카가 보고 놀랄 일이 거의 없을 것이다.

독일의 위대한 시인 괴테는 언젠가 "오직 한 언어만 알고 있는 사람은 실제로는 아무 언어도 모르는 것이다"라고 말했다. 사물을 표현하는 한 가지 방식만 알고 있을 때 우리는 그것이 사물이 실제로 존재하는 방식이라고 생각하게 되기 때문이다. 내가 보통의 언어, 즉 평범한 말만이 지극히 다원주의적인 이 세계 속의 수많은 정치적 · 종교적 이데올로기들 사이의 차이와 유사성을 우리에게 보여줄 수 있다고 믿는 것은 바로 그 때문이다.

나는 자신들이 최고라고 여기는 가치들을 보통의 언어로 이야기할 때 훨씬 편안하게 느끼는 사람들, 다시 말해 주변부 사람들이 아니라 대다수 미국인에게 호소하고 있다. 지난 60여 년 동안, 미국인 중 약 40퍼센트만이 매주 교회에 나간다는 사회학 연구 결과가 있어왔다. 1998년 《크리스천 센추리》에 실린 한 논문은 이 문제를 훨씬 심각하게 다루면서, 실제로 20퍼센트의 미국인만이 정기적으로 교회에 나간다고 꽤 그럴 듯한 수치까지 제시했다. 조합교회congregational church의 구조와 역학에 관해 12권의 책을 쓴 커크 헤더웨이Kirk Hadaway는, 미국 내 모든 종파의 신자들을 대상으로 교회 출석률을 조사해 보니 그 평균치가 전체 인구의 21~22퍼센트밖에 되지 않더라고 나에게 말했다. 이는 미국인 5명 중 4명은 교회에 정기적으로 나가지 않는다는 것을 의미한다. 그들은 우리의 새로운 '침묵하는 다수'가 되었다.

이 책은 그들을 위해 쓴 것이다. 그러나 이 책은 또한 모든 부류의 '신자들'을 위해, 또 노자, 공자, 히브리 예언자, 부처, 예수, 무함마드, 루미, 크리슈나무르티, 그 밖에 역사적으로 위대한 철학자, 현자, 시인의 높고 고상하고 도전적인 비전vision으로 자신들의 제도를 복귀시키기를 원하는 직업 종교인들을 위해 쓴 것이기도 하다. 스스로를 종교적이라고 여기는 사람들, 그리고 스스로를 종교적이지는 않아도 도덕적 · 윤리적이라고 여기는 사람들이 대부분이 책의 독자라고 나는 생각한다.

헨리 키신저는 언젠가 "정치인들에게 문제는 그들 중 90퍼센트가 나머지 10퍼센트에게 나쁜 평판을 가져다준다는 것"이라고 말했다. 오늘날 직업 종교인에 대해서도 거의 똑같이 말할 수 있다. 자신들이 믿는 하느님을 자신들의 편협한 신앙 수준으로 떨어뜨린다든지 혹은 하느님의 이름으로 사람들을 죽일 수 있도록 요청한다든지 하는 식으로 자기 종교를 배반하지는 않았다고 하더라도, 다시 말해 자신들의 높은 소명을 실제적으로 배반하지는 않았다고 하더라도, 대다수 목사들은 침묵한 채 앉아 있음으로 해서, 또 도전적인 말보다는 달콤한 말을 함으로 해서 수동적으로 자신들의 종교를 배반했다. 더욱 충만한 인간성으로 되돌아가고자 할 때, 지각 있는 사람들이 정치인과 목사 모두로부터 우리의 가장 높은 이상들을 되찾아 바로잡아야 하는 것은 바로 이 때문이다.

이런 말은 과격하게, 심지어는 혁명적으로 들리기까지 한다. 둘 모두이기도 하고 그렇지 않기도 하다.

할 수만 있다면 미국을 민주주의로 회복시키는 것, 그리고 전업 목사들로 하여금 현재 섬기고 있는 것보다 더 높은 가치들을 설명하게끔 만드는 것, 이런 것들이 가능한 경우는 오직 보통 사람들이 평범한 말로 이것들을 바로잡을 때뿐이라는 의미에서 이는 혁명적이다. 만일 그런 일이 실제로 일어난다면 정말 혁명적으로 느껴질 것이다.

다른 한편으로, 목사와 정치인을 그들이 섬기고 싶어하는 것보다 더 높은 규범에 붙들어 매는 행동은 종교와 정치의 전체 역사를 특징지어 온 행동이기도 하다. 여기에서 (고대와 현대의) 사제의 종교와 예언자의 종교 사이의 갈등이 생겼고, 예수의 종교와 예수에 관한 종교, 갓난아이의 종교와 십자가의 종교 사이에 엄청난 차이점이 생겼다.

이것이 히브리 성경에서 예언자들이 취한 역할이었다. 아모스, 예레미야, 호세아, 미가 등 모든 예언자는 더 높은 가치의 이름으로 당대의 사제들에게 반대했다. 그들은 그 가치들을 특별한 종교 언어가 아니라 보통의 언어로 표현했다. 아모스는 하느님이 그의 백성을 "그들이 죄 없는 사람을 빚돈에 종으로 팔아넘기고, 미투리 한 켤레 값에 가난한 사람을 팔아넘긴 죄 때문에"(《아모스》 2: 6. 이하 이 책에 실린 성경 구절의 번역은 '공동번역' 성서에 따랐다—옮긴이) 벌하실 것이라고 말했다. 그는 또 하느님이 그의 백성을 "길르앗에서 임신한 여인의 배까지 가르며 영토를 넓힌 죄 때문에"(《아모스》 1: 13) 벌하실 것이라고 선언했다. 이는 신학적인 전문 용어가 아니라 누구나 쉽게 이해할 수 있는 평범한 말이다. 우리의 목사, 정치인, 그리고 대중 매체가 이러한 말을, 미국의 불법적이고 잔학한 대 이라크 침략에, 그리고 미국의 기업 · 세계무역기구WTO · 북미자유무역협정 NAFTA이 전 세계에 가한 사악한 경제 행위에 적용하지 않는다면, 그들은 섬길 만한 가치가 있는 어떤 이상도 섬기고 있지 않은 것이다. 사람들은 이러한 이상들이 시들어 죽지 않도록 하기 위해 그 이상들을 바로 세워야 하는 것이다.

수백 개의 웹사이트에 게시된 〈파시즘 아래의 삶〉이라는 내 설교가 지난 30, 40년 사이 가장 널리 읽힌 자유주의적 설교였다며 한 친구가 나에게 찬사를 보내왔다. 하지만 나에게는 그의 말이 우리 시대의 종교에 대한 서글픈 고발로 들렸다. 왜냐하면 그것은 어느 누구도 설교를 타당성 혹은 진리를 전달하는 수단으로 생각조차 하지 않는다는 말이었기 때문이다.

우리 교회의 일부 구성원들은 내가 정치와 경제와 전쟁에 관해 이야기하는 대부분의 설교 때와 마찬가지로 내가 그 설교를 할 때에도 자리에 참석하지 않았다. 목사들은 대부분 설교자의 일이란 "고통받는 사람을 위로하고, 안락하게 있는 사람을 괴롭히는 것"이라는 명언을 알고 있다. 하지만 사람들이 교회가 고통보다는 위안의 근원이 되어주길 소망한다고 해서 나는 그들을 비난하지는 않는다. 삶이란 당신이 교회에 들어왔을 때보다 더 기분이 나빠져서 교회를 떠날 것인지 아닌지 걱정하지 않아도 될 만큼 충분히 도전적이다.

그러나 우리는 우리 시대의 정신, 그리고 우리 사회가 섬기고 있는 신들에게 주의를 기울여야 한다. 그렇지 않으면 종교는 너무 비겁한 것이 되어 도저히 존경을 받을 수 없는 것이 되고 만다. 내가 섬기는 교회의 지도자들은 나의 대결적인 스타일을 지지해 주었으며, 그에 따른 보증으로 수천 달러의 손실금을 부담했다. 그런 교회 지도자를 갖는다는 게 얼마나 드문 일인지 목사라면 모두 알고 있다. 그런 만큼 나는 텍사스 주 오스틴에 있는 제일 유니테리언 보편구제설 교회the First Unitarian Universalist Church의 지도자들 및 그 구성원들에게 개인적으로 깊은 존경과 감사를 표시하는 것으로 이 책을 시작한다. 당신들을, 당신들 모두를 섬기는 일은 나에게 은총이다.

'자유로운 설교단' 은 자유롭지 않다. 그리고 정직한 종교는 늘 이단적이다. '이단' 은 나쁜 단어가 아니다. 이단이란—한때 '성스러운 곳Holy' 이라고 제대로 불린 적이 있는—정신의 특성을 발견할 수 있는, 남아 있는 유일한 장소이다.

내가 당신을 설득할 수 있는지 없는지 보라.

AMERICA FASCISM & GOD

1부 하느님

1

종교의 기초

2000년 9월 10일

이야기: '음악의 기초'

A. 한 소녀가 전에도 수없이 지나다니던 길을 따라 걸어 내려오고 있었다. 소녀의 눈에 갑자기 새로운 건물이 들어왔다. 창문 안을 들여다보니 이상한 광경이 눈에 띄었다. 자기 또래의 한 소녀가 그 건물 속 깊숙한 방 안에 서 있었다. 그 소녀는 무슨 춤을 추고 있는 것 같았다. 양발을 거의 움직이지 않는 걸로 보아 상체만 가지고 춤을 추는 것 같아 보였다. 양손으로 막대를 쥐고 있었는데, 막대는 소녀의 오른쪽으로 삐져나와 있었다. 소녀는 막대의 다른 쪽 끝을 입에 넣고 물어뜯고 있는 것처럼, 혹은 짓씹고 있는 것처럼 보였다. 막대를 물어뜯을 때마다 조금씩 움직이는 모습이 마치 부드럽게 몸을 흔드는 동작 같았다. 창문이 더러웠기 때문에, 아니 흐릿했기 때문에 바깥에 있던 소녀는 안을 또렷이 볼 수 없었다. 하지만 그것은 참으로 이상한 광경이었다! 소녀는 그 춤을 보려고 매일 비슷한 시각에 이 건물 옆에서 걸음을 멈추기 시작했다. 그리고 이내 일종의 병원, 즉 금속 막대를 물어뜯으며 느린 춤을 추고 있는 사람들을 가둔 병원의 창문을 들여다보고 있는 게 아닌가 하고 의아해하는 자신을 발견했다.

B. 어느 날, 소녀가 건물 옆을 걸어가는데 창문이 열려 있었다.

소녀는 이제 안을 분명히 볼 수 있었다. 그리고 들을 수 있었다. 소녀는 플루트 소리를 들었다. 안에 있던 소녀는 무희가 아니라 플루트 연주자였다. 그리고 그 광경에서 핵심은 몸동작이 아니라 음악이었는데, 소녀는 한 번도 그런 음악을 들어본 적이 없었다. 소녀는 말했다. "아하! 이제 알겠다." 그러고 나서 그 광경에 더 이상 흥미를 잃고 돌아섰다.

C. 그 순간 플루트 연주자가 소녀를 보고 큰 소리로 불러 세웠다. 놀란 소녀가 창가에 멈춰 서자, 플루트를 연주하던 소녀가 다가와 말했다. "이거 연주하고 싶지 않아? 결국 이건 네 거거든. 그리고 이제 네 차례야." 이 말과 함께, 플루트를 연주하던 소녀는 그때까지 구경꾼에 불과하던 소녀에게 열린 창문 너머로 플루트를 건네주었다. 그러더니 플루트를 불던 소녀가 사라지고, 이어 건물 전체가 사라졌다. 어린 소녀는 플루트를 쥔 채로—그리고 그 몸동작과 음악을 기억하려고 애쓰면서, 여전히 자기 앞에 놓여 있는 자신의 온 생애와 함께, 그 자리에 서 있는 자신의 모습을 발견했다.

성경 읽기

근본주의자들이 지금껏 많은 미국인을 상대로 '종교'가 무엇인지 가르쳐온 결과, 오늘날 미국인 대부분은 성경이 문자 그대로 읽힐 목적으로 씌어졌다고 생각하게 되었다. 그러나 내가 알고 있는 수많은 종교의 뛰어난 사상가들은 문자주의literalism야말로 정직한 모든 종교에 치명적인 적이라는 점을 늘 분명하게 밝혀왔다. 먼저 나는 기원후 3세기 초기의 기독교 저술가인 오리겐Origen의 저작 중 일부를 소개할 것이다. 그는 대단한 사상가였다. 그의 책 가운데는 아직까지도 출판되는 것이 있고, 대학원의 종교학 과정에서도 그의 사상을 가르친다. 서구 종교에 그가 미친 영향은 아주 크다. 성 제롬St. Jerome(히에로니무스[Hieronymus, 345?~419?]의 영어식 표현. 그리스 어 역본인 70인역 성서를 토대로 《시편》 등의 라틴어 역본을 처음 개정한 것으로 유명하다—옮긴이)은 그를 "사도들 이후로 교회에서 가장 위대한 교사"라고 불렀다. 오리겐은 185년에, 아마 알렉산드리아에서 태어난 것 같다. 그는 장기간에 걸친 투옥과 고문 끝에 254년에 죽었다. 아래의 발언들은 《으뜸가는 원리들에 관하여*On First Principles*》라는 그의 책에서 개작한 것이다.

그는, 성경에서 신적인 것들은 사람들에게 다소 불분명하게 전달되며, 탐구자가 신앙이 없거나 가치가 없는 데 비례하여 더 많은 것이 감추어지게 마련이라고 말한다. 그는 또 "아주 단순한 신자들" 중 일부는 하느님에 관해서 가장 불의하고 야만적인 사람들조차도 믿지 않을 내용을 믿는다고 쓰고 있다. 그들이 성경을 그 어떤 심원한 방식으로도 이해하지 못하는 이유는 성경을 영적인 의미가 아니라 오직 문자적인 의미로만 이해하기 때문이다.

그에 따르면, 성경에는 세 가지 의미 층이 있는데, 그 각각은 지적 발달과 영적 성숙함의 정도에 부응한다.

A. “가장 단순한 사람들”은 성경의 몸body에서 (오리겐이 일반적인 그리고 문자적인 해석이라고 부르는) 뭔가를 얻을지도 모른다.

B. 약간의 진보를 이루기 시작하여 조금 더 많은 것을 볼 수 있게 된 사람들은 성경의 혼soul에서 양식을 얻을 수 있을지도 모른다. 이것은 사물에 대한 상징적인 혹은 은유적인 이해를, 즉 우리가 누구이며 어떻게 살아야 하는지와 관련된 삶에 대한 통찰을 추구하게 된다는 것을 의미한다. 나는 모든 종교 전통들에 있어 ‘자유주의적 종교’를 이런 수준의 이해라고 정의하고 싶다.

C. 마음과 영 둘 모두에 있어 가장 진보한 사람들은 성경의 영적spiritual 차원, 즉 시적으로 말해 성령의 영감을 받아 씌어졌다고 이야기되는 부분들을 마침내 이해할 수 있을 것이다. 그들은 단순히 거룩한 단어들을 이해하는 수준이 아니라 바로 거룩한 삶을 살도록 인도된 신자들이다.

그렇다면 우리는 성경을 어떻게 이해해야 하는가? 우리는 성경을 이해함에 있어 인간의 행동처럼 보이는 이야기들을 통해 그리고 율법과 계명을 후대에 전하는 일을 통해 이 신비들이 비유적으로 묘사되었다는 것을 알아야 한다. 그러나 진짜 메시지들은 감추어져 있으므로 그것들을 밝히기 위해서는 모종의 작업이 필요하다. 이것은 어쩌다가 들른 사람이나 잡다하게 이것저것 찾아다니는 사람들로부터 신비들을 보호한다.(오리겐은 이 신비들을 짓밟아 뭉개려는 사람들에 관해 글을 남겼다.) 그러나 오리겐에 따르면, 성경에 대한 진정한 통찰은 오직 그러한 통찰을 얻기 위해 아무리 힘든 일이라도 마다하지 않는 사람들에게만 주어지는 것이다. 깊은 종교적 진리들은—이 모든 진리는 지금 여기에서 더욱 지혜롭고 만족스럽게 살아가는 것과 관련되는데—예수가 말했듯이 돼지에게 던져줄 수 없는 고귀한 진주들이다. 만약 우리가 성경이 하느님으로부터 영감을 받아 씌어졌다고 믿는다면, 우리는 하느님에게 합당한 의미, 즉 오리겐이 말했듯이 일상 언어에서는 늘 감추어진 채로 존재하는 그 의미를 찾아 나서지 않으면 안 된다.

열쇠는 이것이다. 하느님으로부터 '영감을 받아' 씌어진 것으로 믿고 있는 성경 안에서, 우리는 하느님께 합당한 의미를 발견하고자 노력해야 한다. 그리고 여기에서 성령이 우리를 인도할 수 있다고 오리겐은 믿는다. 왜냐하면 성령은 문자적인 의미로는 이해가 불가능한 성경의 내적 의미들을 살피라고 우리에게 권유하기 때문이다.

요약하면, 우리가 성경을 읽을 때는 언제나 다음 두 가지 점을 고려해야 한다. 첫째, 정직한 마음과 순수한 가슴으로 읽어야 한다. 둘째, 우리에게 쓸모 있고 동시에 하느님에게 합당한 것을 추구해야 한다. 만일 우리가 이 두 가지를 명심한다면 그릇 인도되는 일은 별로 없을 것이다.

설교: 종교의 기초

플루트 연주자 이야기처럼, 종교 연구도 세 가지 수준, 즉 이해의 세 단계를 가지고 있는 것처럼 보일 때가 얼마나 많은지 놀랍기만 하다.

A. 문자적인 혹은 '사실적인factual' 수준: 볼 수 있는 것이라고는 몸동작밖에 없기 때문에, 그 광경의 의미는 몸동작에 있는 게 틀림없다고 생각하면서 닫힌 창문 바깥에 서 있는 수준.

B. 은유적인 혹은 지적인 수준: 창문을 열고 몸동작이 음악보다 부차적이며 음악이야말로 모든 것의 진짜 핵심이라는 것을 발견하는 수준.

C. 실존적인 혹은 개인적인 수준: 누군가가 당신에게 플루트를 건네주며, 당신이 삶에 있어 한갓 '구경꾼'이 아니라는 것, 바로 지금이 당신이 연주할 차례라는 것을 깨닫는 수준.

나는 대학원에서 종교를 공부하기 전까지는 한 번도 종교 교육을 받아본 적이 없다. 학부 과정에서도 받은 적이 없고, 그래서 성경이나 다른 종교 텍스트에 관한 지식이 없다시피 했다. 나는 종교가 무엇에 관한 것인지 별 개념이 없었다. 겉보기에 종교는 신들 혹은 여신들과 관련된 것처럼 보이고, 좀 깊은 차원에서는 삶에 관한 중요한 물음들과 관련된 것처럼 보인다는 일반적인 수준이 고작이었다. 그것 이상으로는 뭐가 더 있다는 건지 잘 몰랐다.

내가 오리겐과 같은 사상가들의 저작을 읽게 되리라고는 전혀 예상하지 못했다. 하지만 대학원에 들어가자마자 우리는 거의 숨 돌릴 틈도 없이 그것들을 접하게 되었다. 나는 현대의 자유주의자들이 성경과 그 밖의 거룩한 경전들을 상징, 은유, 그리고 시적 이미지와 이야기로 삶을 묘사한 신화로 간주한다는 것을 알았다. 그러나 그들보다 훌륭한 종교 사상가들이 2천 년이 넘도록 이 사실을 지적해 왔다는 것은 전혀 몰랐다. 그래서 오리겐 같은 사람들의 저작을 맨 처음 읽었을 때, 나는 그 내용을 거의 믿을 수 없었다. 만일 종교가 인간을 해방시킬 수 있는 진리에 관한 것이라고 한다면, 왜 교회 안에서는 그런 이야기를 들을 수 없는지 이상하게 생각되었다.

종교 경전을 문자적으로 읽는 것은 상상력이 떨어지거나 교육을 받지 못한 어린아이들이나 하는 행동이라고 말하는 목소리가 거의 1,800년 전부터 있었다. 만일 당신이 이 주제를 진지하게 이해한다면 문자적 수준 같은 것은 고민할 가치조차 없는데, 오리겐은 그 까닭을 문자적 수준으로는 종교의 요점을 놓칠 수밖에 없기 때문이라고 말한다. 당신이 문자적 수준 이상으로 성장하고, 그래서 모든 경전이, 오리겐이 표현했듯이 "일상 언어에서는 늘 감추어진 채로 존재하는", 전혀 새로운 차원에 관해 시적인 이미지들로 말하고 있다는 사실을 깨달을 때에만, 종교의 참된 관심사가 무엇인지 이해할 수 있다.

그것은 마치 진짜 의미가 상징, 은유, 비유, 그리고 신화 등의 암호—위대한 문학과 시에서 대부분 발견되는 것과 동일한 암호—로 씌어진 덕분에 부주의한 관찰자들로부터 보호되어 온 것과 거의 비슷했다. 훌륭한 시나 소설을 문자적으로 읽어서는 안 되는 것과 마찬가지로 종교적 경전을 문자적으로 읽어서는 안 된다는 점을 우리는 대학원에서 몇 번이고 되풀이하여 배웠다. 문자적으로 읽는 것은 종교라는 주제에 어울리지도 않고 도움도 되지 않는다. 그것은 닫히고 흐릿한 창문을 통해 플루트 연주자를 바라보는 것과 같다. 이것은 종교 문학을 포함하여 모든 위대한 문학에 접근하는 가장 초보적인 수준, 즉 A 수준이다.

오리겐이 거룩한 경전들의 '혼'이라고 불렀던 두 번째의 B 수준은 위대한 종교적 저작들이 삶 그 자체의 본성에 대한 실존적인 통찰과 진정으로 관련된다는 것을 우리에게 보여준다. 똑같은 것이 음악, 시 등 나머지 모든 예술에도 적용된다.

그러나 당신이 A 수준에서 B 수준으로 이동하여 역사를 바라보고 종교 저작들을 다시 바라볼 때, 모든 것이 갑작스럽게 달라진다. 만일 종교 저작들을 오직 문자적 수준에서만 받아들인다면, 우리는 저 모든 옛날 저자들이 우리와 비교해 천박한 바보들에 지나지 않는다고 여기고 스스로는 똑똑하고 잘났다고 느끼면서 그 저작들을 쉬 무시하게 될 것이다. 그러나 여기에서 그들은, 거의 2천 년 전에, 종교 경전들에 문자적으로 접근하는 태도를 일러 어린애 같은 짓이라고, 어른들, 특히 종교를 진지하게 공부한다는 학생들에게는 적절치 못한 태도라고 묘사하고 있다.

오리겐 혼자만 그랬던 것도 아니다. 그의 주장은 예외적인 것이 아니라 오히려 일반적인 것이었다. 거의 모든 위대한 사상가들이 성경을 문자적으로 읽는 것에 부정적이었다. 예를 들어 1천 년 동안 로마 가톨릭을 규정해 온 5세기의 강력하고 영향력 있는 사상가 성 어거스틴St. Augustine도 마찬가지였다. 성 어거스틴은 종교 개혁의 시조로 간주되는데, 그 까닭은 마르틴 루터Martin Luther가 어거스틴 수도회 수사로서 그의 작품들에서 큰 영향을 받았기 때문이다. 장 칼뱅Jean Calvin이 쓴 주요 신학 저작도 3분의 1 가까이가 어거스틴의 저작을 개작한 것들이다. 당신은 어거스틴이 갖가지 교의教義들을 만들어내느라 바빴을 것이라고 생각할지도 모르겠다. 그러나 그의 저작들을 읽을 때 발견하게 되는 것은 그런 것이 아니라 바로 다음과 같은 것이다.

> 어떤 사람들은…… 하느님을 어떤 새롭고 갑작스러운 결정에 따라 하늘과 땅을 창조한 일종의 사람, 혹은 천부적으로 권능을 부여받은 거대한 육체적 실체라고 상상한다.…… 하느님이 "이러이러한 것이

만들어져라" 하고 말씀하시자 그 말씀에 따라 그것이 만들어졌다는 이야기를 들을 때, 그들은…… 일단 말씀이 선언되면 존재하라고 명령을 받은 것은 그것이 무엇이든 지체 없이 존재하게 된다고 생각한다. 그들에게 떠오르는 여타의 생각들은 주변의 낯익은 물질 세계에 대한 그들의 애착에 의해 똑같은 방식으로 제한을 받는다. 이 사람들은 아직도 어린아이와 같다. 그러나 그들을 약함 속에 계속 머물게 하는 것은 바로 성경 언어의 단순성이다. 그것은 마치 어머니가 젖먹이를 품에 안고 기르는 것과 같다. 그에 반해 성경 말씀이 더 이상 아늑한 보금자리가 아니라 잎이 우거진 과일나무인 사람들이 있다. 그들은 거기에서 금단의 열매를 본다. 그들은 기쁨 속에 그 주변을 날아다니다가, 열매를 응시하면서 갑자기 노래를 부르기 시작하고 이내 그것을 따먹는다.(《고백록》, R.S. Pine-Coffin 역, Penguin Classics, 304쪽)

만일 당신이 예술을 공부하거나 인문과학을 사랑하는 사람이라면, 이런 종류의 저작과 통찰력에 바로 흥미를 느낄 것이다. 그것은 당신이 열린 창문 너머로 음악을 듣는 것과 같다. 여기에서 '악기'는 모든 전통의 종교 경전들이다. 훌륭한 종교 교육을 통해 당신이 배우는 가장 중요한 것 하나는 종교의 상징, 이야기, 전설, 그리고 신화가 도그마가 아닌 음악을 만들고자 했다는 것이다. 그것들은 믿음이 아니라 삶과 관련된다. 만일 당신이 그저 표면에만 머물러 있다면 당신은 그러한 경전에 영감을 불어넣은 '정신spirit' 을 놓치고 만다.

애니 딜라드Annie Dillard(미국의 자연주의 작가, 《팅커 계곡의 순례자》로 퓰리처상을 수상—옮긴이)는 한 이야기에서 자기가 어떻게 통나무 쪼개는 법을 배웠는지 들려준다. 처음에 그녀는 통나무의 끄트머리를 겨냥했는데, 그렇게 해서 나온 것은 죄다 길쭉하게 쪼개진 쓸모없는 나뭇조각뿐이었다고 한다. 나중에 그녀는 나무를 잘 쪼개려면 목표 지점을 지나 통나무의 더 큰 덩치를 겨냥해야 한다는 것을 배웠다. 종교를 이해하는 것이 이와 같다. 단지 표면에 보이는 문자적 의미만 가진 어떤 것들이 있기는 하지만, 그런 것들은 많지도 않고 그다지 중요하지도 않다. 당신은 단어들 너머를, 그것들 아래에 놓여 있는 더욱 근본적인 진리를 겨냥해야 한다.

당신은 왜 작가들이 종교 문학만이 아니라 모든 문학에서 자신들이 말하고자 하는 것만 바로 말하면 될 것을 왜 그렇게 하지 않는지 의아하게 여긴 적이 있을지 모른다. 존 스타인벡의 《분노의 포도》를 예로 들어보자. 많은 사람들이, 스타인벡은 아메리칸 드림이 가난한 사람들의 희생을 볼모로 삼는 소수 부자들만을 위한 것이며, 우리 대부분이 발견하게 될 유일한 양식은 우리가 서로에게 줄 수 있는 인간적 친절함이라는 아주 적은 양의 우유뿐이라는 사실을 말했다고 가르쳐왔다. 그렇다면 왜 그는 단지 그렇게만 말하지 않고 책 한 권을 통째로 썼는가?

일부 사람들이 가장 위대한 미국 소설이라고 부르는 F. 스코트 피츠제럴드의 《위대한 개츠비》도 마찬가지다. 왜 그는 부자들에게도 아메리칸 드림은 삶을 이어가는 데 충분치 않다고 쉽게 말하지 않았을까? 왜 그는 소설 속의 다양한 인물과 해프닝을 상상력을 동원해 꾸며내야 했을까?

A 수준에서 제기되는 이 모든 질문에 대한 답변은 B 수준에서만 나올 수 있다. 그 답변은, 종교 문학을 포함한 문학의 진리는 이야기 속 등장 인물에 관한 진리가 아니라 삶에 관한 진리라는 것이다. 그리고 삶에 관한 진리는 그 진리를 위해 생생한 문맥을 재창조하는 이야기, 즉 우리가 동일시할 수 있고 느낄 수 있는 이야기 속에서 말해질 때 가장 분명하고 가장 쓸모가 있다.

그래서 일단 이 점을 이해한다면, 당신은 곧 플루트 연주자를 지켜보는 소녀처럼 "아하, 이제 알겠다!" 하고 생각하게 될 것이다. 그리고 당신은 종교를 위대한 문학으로서 가르치기 위해 혹은 설교하기 위해 밖으로 나간다.

그러나 그런 다음 당신은 오리겐이 세 번째 수준에서 "단순히 거룩한 단어들을 이해하는 수준이 아니라 바로 거룩한 삶을 살도록 인도된 신자들"에 관해 썼던 것을 떠올린다. 이 세 번째 수준, 즉 C 수준은 종교가 결코 지적인 문제가 아니라 실존의 문제라는 것을 의미한다. 여기에서 관건은 바로 우리의 삶이다. 우리가 오직 한 번만 산다고 할 때, 세계의 모든 종교에서 말하는 천국과 지옥이 지금 여기에서의 삶의 질에 관한 은유라고 할 때, 그리고 정말 이것이 존재하는 모든 것이라고 할 때, 우리가 말하는 것은 심리 조작이 아니라 우리의 짧은 삶을 어떻게 사느냐 하는 것이 매우 중요하다는 것, 그러나 삶에 관한 명쾌한 안내서가 별로 없다는 것이다.

한 세미나에서 나는 우리가 구원받기 위해 어떻게 힘써야 하느냐는 질문을 받은 적이 있는데, 그때 "두렵고 떨리는 마음으로 여러분 자신의 구원을 위해 힘써라"(〈필립비인들에게 보낸 편지〉 2: 12)라는 사도 바울의 말이 전혀 다른 의미로 다가왔던 기억이 난다. 강의실에는 문자적인 종교를 믿는 사람이나 초자연적인 종교를 믿는 사람은 한 사람도 없었다. 삶과 종교 모두 지금 여기와 관련된다는 것을 우리는 알고 있었다. 그러나 그렇다면 어떤 구원이 되었건, 그것은 지금 여기와 관련되어야 한다. 우리는 그러한 구원을 어떻게 이루어 나아갈 수 있는가?

대학의 강의실에 들어가든 목회 현장에 가든 우리는 대부분 누군가를 가르친다. 그러나 인생을 살 만한 가치가 있게 만드는 것이 무엇이냐는 물음은 우리가 어디에 있든지 상관없이 강력한 물음이다.

쇠렌 키르케고르는 19세기 덴마크의 실존주의 철학자였다. 그는 우리가 종교적 믿음을 실제 삶과 무관한, 한갓 지적인 것으로 간직하면서 그것을 가지고 벌이는 여러 가지 게임에 관해 글을 쓴 적이 있다. 그에 따르면, 우리는 갑판의 의자들을 여러 줄로 보기 좋게 늘어세우며 시간을 보내는 배의 승객과 같다. 키르케고르는 우리의 이런 행위야말로 정말 웃기는 짓이라고 말한다. 의자를 정돈하는 것이 나빠서가 아니라 지금 배가 가라앉고 있기 때문이다.

매일, 언제나, 그 배는 가라앉고 있다. 우리는 우리가 전혀 움직이지 못하게 될 그 순간을 향해 하루하루 살아가고 있다. 삶은 스냅사진이 아니다. 그것은 결말을 향해 나아가는 한 편의 영화이다. 그 움직임들이 무엇으로 나타나게 될지, 혹은 그 음악이 어떻게 들리게 될지 전혀 알지 못한 채, 우리는 플루트를 손에 들고서 우리 앞의 삶을 마주하고 서 있다.

걱정스러운 느낌, "두려움과 떨림"의 느낌이 들기 전까지는, 우리는 손에 플루트를 얹지도 못하고, 이 종교가 무엇과 관련되는 것인지 그 온전한 충격을 진실로 느끼지도 못한다.

이것이 종교의 세 번째 수준인 C 수준, 즉 모든 종교 경전은 우리 모두에게 있는 인간 영혼의 갈망으로부터 씌어졌음을 마침내 이해하기 시작하는 단계이다.

우리는 종교에 관한 우스운 사고방식을 갖고 있다. 특히 교육을 받았다는 사람들이 그렇다. 우리는 대개 종교를 사이비 지식의 진술들을 모아놓은 것으로 간주한다. 그리고 그러한 진술들이 받아들일 만한 것인지 판단한다. 그러고 나서 이 정도면 지적으로 일관성 있고 정당하다고 인정할 수 있다는 이해 기준에 따라 거기에 들어맞으면 받아들이고 아니면 거부한다.

매우 아이러니한 이야기인데, 종교적 자유주의자들은 종종 기독교 근본주의자들과 얼추 동일한 수준에서 행동하는 경향이 있다.

근본주의자들에 반대하면서도 그들과 똑같이 종교를 믿음과 관련시킴으로써 이를 문자적인 수준에서 받아들이는 경향이 있는 것이다. 근본주의자들은 하느님이 저 높은 곳 어딘가에 계시는 기묘한 존재이고, 천국은 글자 그대로 죽은 후에 가는 곳이라고 말한다. 우리 역시 종교를 이와 동일한 수준에서 받아들이는 때가 많다. 우리가 쓰는 전통적인 종교 용어들도 저 높은 곳 어딘가에 계시는 기묘한 존재인 하느님에 대해 말하며, 천국도 글자 그대로 우리가 죽은 후에 가기로 되어 있는 장소를 가리킨다. 그것은 다 문자적인 것이고, 거짓이다.

근본주의자들을 공격하는 사람들 대부분은 그들과 동일한 수준인 A 수준에서 행동한다. 우리는 이 정직한 비판들을 당연하게 받아들여야 한다. 시간이나 공간을 포함하는 '영원한 생명eternal life'은 존재하지 않는다. 어떠한 신도 우리가 죽은 직후에 우리에게 영원한 생명을 누릴 기회를 주지 않을 것이다. 이는 신자들을 계속해서 통제하고 오도하기 위해 써온 미신이다. 종교는 하느님 혹은 신들에 관한 것이 아니다. 비록 그런 식으로 들리도록 씌어지는 경우가 많지만 말이다. 종교는 지금 여기에서 더 지혜롭게 잘 살아가는 방법에 관한 것이다. 그것은 과학을 교묘하게 피해갈 수 없다. 종교의 위대한 신화와 통찰력은 더욱 진정한 삶을 살아가는 것과 관련된다. 우리를 이런 수준의 정직성에까지 들어 올리지 못하는 종교에 우리의 마음과 영혼을 맡길 수는 없다.

이 점을 생각한다면, 무신론이나 불가지론 같은 개념, 그리고 하느님의 존재를 '믿느냐' 믿지 않느냐 같은 물음은 오직 문자주의적 · 근본주의적인 수준에서만 의미를 지닌다. 종교의 핵심 용어들이 상징적 · 비유적 · 은유적이라는 점을 이해하는 순간, '무신론'과 같은 단어는 무의미한 것이 되고 만다. 그렇지 않은가? 결국 하느님이 사랑이라면, 무신론자가 된다는 것 혹은 불가지론자가 된다는 것이 무엇을 의미하겠는가?

어쩌면 종교는 다음 ABC처럼 정말 쉽고도 어려운 것인지 모르겠다.

A. 우리는 문자적인 수준 너머까지 자랐는가? 이것이 A 수준에서 우리에게 제시되는 물음이다. 우리는 신과 천사, 천국과 지옥, 죽음과 부활 등등에 관한 이야기가 모두 실제적인 신, 천사, 천국, 지옥, 죽음, 부활과 아무 상관이 없다는 것을 이해했는가? 이것을 이해하지 못했다면, 우리는 시작도 해보기 전에 실패한다. 우리는 종교가 무엇에 관한 것인지 이해하지 못한다. 우리는 닫힌 창문 밖에 서서 건물 내부의 이상한 몸동작을 지켜보면서도 음악은 듣지 못하는 것과 같다.

B. B 수준에서 우리는 두 번째 질문을 받는다. 이제 종교를 새로운 방식으로 들을 수 있는가? 종교의 가르침을 상징, 신화, 비유, 은유 따위의 시적 암호로 표현된, 삶에 관한 메시지로 들을 수 있는

가? 만일 그렇다면 우리는 종교의 이 두 번째 수준에 들어설 수 있다. 창문이 열리고 음악을 들을 수 있게 되면, 이제 건물 밖에서 쭉 지켜보던 저 이상한 몸동작을 전과 달리 새로운 틀에서 이해할 필요가 있다. 이 모든 것의 요점이 '몸동작을 세밀히 살피는 것'이 아니라 '음악을 연주하는 것'이라고 할 때, 종교는 무엇에 관련되는가? 이제 우리는 종교를 어떻게 이해하는가?

C. 그리고 C 수준에서 모든 것이 다시 한 번 달라진다. 왜냐하면 우리가 이 종교라는 일religion business을 다 터득했다고 생각하기 시작할 때, 저 열린 창문을 통해 플루트가 우리에게 건네지기 때문이다. 이제 우리는 우리 자신의 삶과 새로운 물음 앞에 서게 된다. 우리가 삶을 바쳐 섬겨온 신들은 무엇이며, 그 신들은 우리를 어떤 삶으로 이끌었는가? 그것은 우리에게 쓸모가 있는가? 하느님께는 합당한가? 모호한 것이 너무 많다. 확실한 것은 거의 없다. 그것은 더 이상 종교와 관련될 필요조차 없다. 그것은 삶, 성실성, 진정성, 그리고 용기와 관련된다. 그리고 우리는 이 모든 '궁극의 관심들'을 누구나 이해할 수 있는 보통의 언어로 말할 수 있다.

그래서 우리는 여기에 있다. 우리는 플루트를 양손에 쥐고 서 있다. 우리 앞에는 남은 생애가 놓여 있다. 이제 우리는 우리 자신이 음악을 연주할 차례라는 것을 마침내 깨닫는다.

이 책은 종교의 기초 이상을 다룬다. 다시 말해 우리의 가장 높고 고귀한 이상과 가치를 되찾아 바로잡는 것에 관심을 둔다. 또 이 같은 이상과 가치를 공정하고 용기 있게 섬기지도 않고 섬기려고도 하지 않으며 섬길 수도 없는 정치인, 관료, 대중 매체, 그리고 목사와 교회로부터 그것들을 건져내는 것에 관심을 갖는다.

조지 레이코프George Lakoff는 《코끼리는 생각하지 마*Don't Think of an Elephant*》라는 책에서 '진보주의자들'이 '가치'에 정치 기초를 두고 나라의 방향을 되찾아 바로잡을 필요가 있다고 말한다. 나는 거기에 우리의 삶, 우리의 나라에 필요한 가치는 정치적인 것이 아니라 도덕적 · 윤리적인 것이라는 말을 덧붙이고 싶다. 그것이 우리 종교가 마땅히 섬겨야 할 가치이다.

그러나 21세기의 미국에서 교회나 목사 중에 실제로 최고의 이상을 섬기는 이는 거의 없다. 서구의 세 종교, 즉 유대교와 기독교와 이슬람교의 상징은 최악의 목사와 신학자에게 강탈당했고, 증오로 똘똘 뭉친 온갖 편협한 신앙, 군대를 동원한 학살조차도 허용하기에 이르렀다.

종교에 강한 혐오감을 갖고 반발하는 많은 이들은 자신들이 차라리 '세속적'이라고 불리기를 바랐다. 그것은 몇 가지 점에서 훌륭한 선택이다. 그러나 그들은, 특히 종교적 · 정치적 자유주의자들은, 욕조의 물과 함께 아기마저 내던지는 꼴이다. 종교적 언어를 거부하는 것은 좋다. 그러나 우리가 할 수 있는 최고의 가치들을 명확히 표명하겠다는 마음까지 내던지는 것은 불행한 일이다. 나는 당신이

저 최고의 이상과 가치를 추구하고, 그것들을 평범한 말로 표현하고 싶게끔 당신을 설득하고 싶다. 그래서 지금 말하고 있는 것이 무엇인지 당신이 실제로 알았으면 좋겠다.

2

꼭두각시 하느님

2003년 2월 16일

당신은 하느님God이라는 개념을 다시 생각해 본다는 걸 상상이나 해봤는가? 그런 상상을 몇 번이나 해봤는가?

우리 문화에서 하느님은 풍자 만화의 등장 인물과도 같은 아주 기묘한 존재처럼 논의된다. 누구나 던져야 할 것으로 여겨지는 거의 유일한 '신학적' 질문은 "당신은 하느님의 존재를 믿습니까?" 하는 것이다. 그것은 간단한 OX 퀴즈와도 같다. "하느님은 저 높은 곳 어딘가에 살고 있는 크고 기묘한 존재이다. 맞는가 틀리는가?" 그리고 그 존재는 실제로 말이 없다.

처음부터 분명히 해두고 가자. 하느님은 무게를 가진다든지 공간을 차지한다든지 하는 어떤 기묘한 생물이나 '존재'가 아니다. 한때 그랬던 적도 없다. 그런 것은 디즈니 월드에나 있지 종교에는 없다. 하느님은 하나의 생각, 하나의 개념이다. 신학적 물음이라고 할 때는 그 개념의 내용과 표현 양식, 그리고 그 개념과 삶 사이의 관련성을 묻는 것이다.

내가 좋아하는 경전 이야기 중 하나는 하느님과 맞붙어 싸우는 야곱의 이야기다. 엄밀히 말하면, 그가 맞붙어 싸운 것은 하느님이 아니다. 그가 건너려던 강을 지키는 한 지역 신local deity에 불과했다.

오늘날 우리는 이것이 얼마나 오래된 이야기인지 알고 있다. 고대 사람들은 각 경계마다 정령들이 지키고 있으며, 경계를 건너가

거나 경계 너머로까지 성장해 나아가기 위해서는 그 경계를 지키는 신과 맞붙어 싸워야 한다고 믿었다.

현대의 심리학자들은 이것이 진실이라는 걸 안다. 우리를 너무나도 작게, 무지하게, 또 노예 상태에 매어놓는 경계를 넘어 더 뻗어나아가려면 우리는 기꺼이 맞붙어 싸워야 한다. 우리가 여기에서 이야기하는 것은, 우리에게 권한을 부여하기보다는 우리를 노예로 삼는 작고 병적인 하느님의 개념과 맞붙어 싸워야 한다는 것이다.

그렇지만 그것은 위험이 따르는 일이다. 야곱은 밤새도록 붙들고 늘어진 끝에 마침내 신의 축복을 받고 강을 건널 수 있는 능력을 얻는다. 심지어 이스라엘이라는, 곧 12지파의 아버지라는 새로운 이름까지 얻는다. 그러나 그는 이 싸움에서 상처를 입고 결국 다리를 절게 된다. 남은 생애를 절름발이로 살게 된 것이다. 이렇게 그것은 위험이 따른다.

나는 이상할 뿐 아니라 어려운 일을 하려고 애쓰고 있다. 나는 모든 신이 꼭두각시 인형을 부리는 사람을 닮았다기보다는 거꾸로 사람 손에 부림을 당하는 꼭두각시 인형을 닮았다는 사실을 당신에게 납득시키고 싶다.

하느님이 무엇과 같다거나 하느님이 무엇을 원하고 무엇을 말한다고 이야기하는 사람은 누구나 이 꼭두각시 같은 개념을 사용하고 있는 셈이다. 그런 식으로 자신의 하느님이 말할 수 있는 단어와 말할 수 없는 단어를 만들어내기도 하고 선택하기도 하는 것이다. 그러므로 그 하느님이 괜찮은 분이냐 아니냐는 그가 누구의 손에 들려 있느냐에 따라 달라진다.

건전한 개념과 거짓 개념 사이의 차이를 당신이 알고 있다는 사실, 신이 선한지 악한지, 당신이 살아생전 섬길 만한 신인지 아닌지를 결정할 수 있는 사람은 오직 당신뿐이라는 사실을 나는 당신에게 말해주고 싶다. 힘은 신에게 있는 것이 아니라 당신 안에 있다는 사실을, 그리고 당신이 이를 어느 정도는 줄곧 알고 있었다는 사실을 당신에게 보여주고 싶다.

우리가 이미 알고 있는 것으로 예를 들어보겠다. 우리는 우리를 지배하려 드는 거의 모든 권위와 맞붙어 싸운다. 예를 들어 자동차 제조업자는 자신들이 만든 기계가 백 퍼센트 안전하다고 우리에게 상투적으로 말한다. 그러나 정부 및 개인 기관에서는 그들이 정말로 진실을 말하고 있는지 늘 의심하고, 그것들을 계속 시험하며, 그들이 감추고 있는 설계상의 결함을 일상적으로 폭로한다. 왜 그들은 그런 결함을 감추었을까? 그것은 우리에게는 이익이 되지 않을지라도 자신들에게는 이익이 되기 때문이다. 그러나 우리는 목숨이 달려 있기 때문에 자동차의 안전을 확인한다.

약품은 어떤가? 한 가지만 실례를 들어보겠다. 나는 펜펜Fen-Phen(식욕 감퇴제의 하나—옮긴이)의 제조업자들이 재판에 회부되었을 때, 그 약품이 심각한 부작용 없이 효과적으로 체중을 줄이는 보조제라면서, 많은 사람에게 테스트를 했으나 모두 안전했다고 주장한 것으로 기억한다. 그러나 미국식품의약국FDA은 독립적인 테스트를 통해 펜펜이 심장판막에 손상을 입혀 목숨을 위태롭게 할 수도 있다는 사실을 알아냈다. 권위 있는 사람들이 거짓말을 한다. 그들은 자신들이 말하는 것을 실제로 믿는다. 하지만 우리는 그들이 틀릴 수 있다는 것을 안다. 그래서 확인하는 것이다. 목숨이 달려 있기 때문에.

이러한 주장은 세 부분으로 이루어진다. 이 사실을 알기만 해도 당신은 이 허튼 수작에 대한 일종의 사용 안내서를 손에 쥐는 셈이다. 진리와 믿음, 그리고 신이 창조되는 과정은 바로 이 세 단계로 이루어진다.

첫째 단계는 눈에 띄지 않는다. 게임이 성립할 수 있으려면 눈에 띄지 않아야 한다. 둘째 단계는 한 회사의 대표자나 어떤 권위 있는 인물이 우리에게 뭔가가 진실이라고 말하는 것이다. 셋째 단계는 그것이 진실이니까 우리는 그것을 따라야 하고, 그러면 모든 것이 잘될 것이라는 말을 그들이 하는 것이다.

첫 번째 단계란, 만일 그것이 진실이라면 그들에게 권한을 가져다주거나 그들을 부자로 만들어줄 일련의 사실 혹은 일이 존재한다는 것이다. 거기에 그들의 이해 관계가 있다. 그것이 그들이 세상을 바라보는 방식이다.

세 단계의 전체 과정은 다음과 같이 이루어진다. 첫째, 나는 당신이 뭔가를 믿기를 바란다. 만일 당신이 믿는다면 그것이 나에게 권한을 가져다주거나 나를 부자로 만들어주거나 혹은 나의 세계관이 옳다는 것을 확증해 줄 것이기 때문이다. 둘째, 그것이 진실하고 선하며 안전하다는 것을 내 스스로 확신하고, 그런 뒤 당신에게도 그것이 진실하고 선하며 안전하다고 이야기한다. 셋째, 그것이 진실하고 선하고 안전하니까 당신은 그것을 따라야 한다.

그러나 그것이 정말로 진실하고 선하고 안전한지 알고 싶을 경우 우리는 그것을 확인한다. 그렇더라도 그것이 진짜라고 믿고 있는 사람들에게 그 진위를 조사해 보라고 요구하지는 않는다. 당신은 포드 사의 임원들에게 소형 자동차 핀토Pinto에 부착된 가스 탱크가 안전한지 묻지 않는다.(소형차 시장의 전략적 입지를 선점하기 위해, 포드 사는 설계상 문제가 있다는 사실을 알면서도 이 차를 출시하였다가 나중에 문제가 되었다.—옮긴이) 스포츠 범용차SUV 제조업자에게 그들이 만든 차가 뒤집어져 운전자와 탑승객이 부상을 입거나 죽을 가능성이 크지는 않는지도 묻지 않는다. 또 잭인더박스Jack-in-the-Box(미국의 패스트푸드 체인—옮긴이)의 지배인에게 그곳 햄버거를 먹어도 되는지 어떤지도 묻지 않는다.

당신이 그런 것을 물어보는 사람은 믿지 않는 사람, 다시 말해 외부 사람이다. 사실과 허구, 선과 악을 구별할 수 있는 사람에게 묻고, 그들에게 조사를 맡긴다.

우리는 권위 있는 사람들 목소리에 반응하도록 행동 양식이 굳어져 있는 것 같다. 그래서 우리는 바보가 되기 쉽다. 광고 대행사, 정치 고문, 또 구변이 좋은 목사는 모두 그런 점을 잘 활용한다. 좀 계몽적인 방식으로 이 점을 입증하는 이야기 한 가지를 더 해볼까 한다. 앞에 이야기한 눈에 띄지 않는 첫째 단계를 포함해, 당신은 세 가지 단계 모두를 아주 분명하고 극적인 방식으로 찾아낼 수 있을 것이다.

그 이야기란 신화학자 조셉 캠벨Joseph Campbell이 들려준 것으로, 종교 의식용 악기를 가지고 사회 질서를 유지한 오스트레일리아의 한 부족 이야기다. 안에 길쭉하게 째진 틈이 두 개 있고 한쪽 끝에 노끈이 달린 길고 납작한 널빤지로 되어 있는 이 악기는 사람 머리 위에서 빙빙 돌려 소리를 내는데, 이때 마치 다른 세계의 것처럼 느껴지는 저음의 윙윙 소리가 사람의 등골을 오싹하게 만든다고 한다. 신들이 이 부족에게 화가 나면 밤에 숲 속에서 이 악기로 소리를 내곤 했단다. 물론 신들이 이런 행동을 하는 것을 본 사람은 아무도 없었다. 그 소리가 들린 다음날이면 부족의 남자들은 신들이 무슨 일로 분노했는지, 바꿔야 할 행동이 무엇인지 설명하곤 했다고 한다.

계시는 부족의 젊은 남자들을 성인으로 받아들이는 성년식의 가장 중요한 순간에 온다. 그것은 대단히 극적이면서 또한 종교 의식적이다. 밤에 부족의 남자 중 일부가 가면을 쓰고 어린 소년을 납치하러 온다. 여자들은 그 수법을 익히 알고 있으면서도 소년을 지키는 체한다. 결국 남자들이 여자들을 힘으로 제압하고 소년을 숲 속으로 끌고 간다.

숲 속에서 소년은 탁자에 묶이고, 이어서 소름끼치고 피비린내 나는 성년식이 시작된다. 전문 용어로 요도 절개라고 부르는 이것은 부싯돌로 만든 칼을 사용해서 소년의 음경 아래쪽을 가늘고 길게 째는 것을 의미한다. (이 의식을 통과한 남자들은 이렇게 남성과 여성 모두의 생식기 표지를 갖춤으로써 자신들이 완전하게 된다고 말한다.)

그러나 계시는 마지막에 온다. 남자들 중 하나가 악기를 소년이 흘린 피에 끝 부분만 살짝 담갔다가 얼굴 가까이까지 들어올린다. 그런 뒤에 자기가 낯선 사람이 아니라는 것을 소년이 알아볼 수 있도록 가면을 벗고 이렇게 마술적인 말을 한다. "우리가 소란을 피운다!" 신들이 피운다던 그 소란을 바로 자신들이 피운다는 것이다. 이것은 어디에서나 마찬가지다. 공공연히 인정되는 일이 좀처럼 없을 뿐이다.

결함이 있는 자동차, 세균 덩어리 햄버거, 그리고 생명에 직접 영향을 미치는 약품 따위에 대해 독립 기관들이 조사해서 밝혀내고자 하는 것 또한 이런 것이다. 누구보다도 많은 이득을 취하는 권력자들이 바로 자신들을 믿어야 한다면서 소란을 피우는 자들이다. 그리고 우리는 우리가 스스로 그 사실을 확인하기까지는 저들의 말을 믿어서는 안 된다고 배워왔다. 이것이 신에 대한 개념이 만들어지는 방식이다.

종교에는 이러한 예가 수천 가지도 넘는다. 얘기하기 쉽게, 나는 유대교와 기독교, 이슬람교에 공통된 히브리 성경에서 세 가지 실례를 들어볼까 한다. 이 셋 모두 〈신명기〉에 나온다. 〈신명기〉에서는 이와 같은 실례를 수십 개는 더 찾을 수 있다.

> "어떤 자가 남의 아내와 한자리에 들었다가 붙잡혔을 경우에는 같이 자던 그 남자와 여자를 함께 죽여야 한다."(22: 22)

> "그 여자가 처녀였다는 것이 입증되지 않으면…… 친정이 있는 성읍의 시민들이 돌로 쳐 죽일 것이다."(22: 20~21)

> "아버지의 말이나 어머니의 말을 전혀 듣지 않고 거역하기만 하여 애를 태우는 아들이 있는 경우, 아무리 타일러도 듣지 않거든…… 성읍의 장로들이 있는 곳으로 그를 데리고 가서 그 성읍의 장로들에게 호소하여라.…… 그러면 온 시민은 그를 돌로 쳐 죽일 것이다."(21: 18~21)

이런 말들을 들을 때, 품위 있고 건전한 사람이라면 그런 끔찍스러운 하느님 개념은 결코 받아들이지 않을 것이다. 성경의 단어 하나하나가 문자 그대로 사실이라고 주장하며 요란스럽게 성경을 흔들어대는 목사들조차도 이런 구절은 결코 인용하지 않을 것이다.

아니 그들조차도 그런 말은 믿지 않는다.

우리 또한 직관적으로 그것을 안다. 당신은 이 고대의 연설자가 "이것들은 하느님의 말씀이니 이 말씀을 따라야 한다"고 주장하는 소리를 듣는다. 그러나 본능적으로 당신은 더 잘 알고 있다. 반항적인 십대 아이를 둔 부모라면 누구나 마지막 인용문 속에 담긴 부모의 낙담한 심정을 이해할 수 있다. 그러나 실제로 자식을 그런 식으로 죽게 만드는 사람은 생명이나 진리 혹은 온전함의 신이 아니라 역겨운 신을 추종하는 역겨운 사람이라는 걸 부모라면 누구나 안다. 당신은 이 무시무시한 말들이 아마도 2,500년 전의 어느 특정한 시간과 공간에서 유래했음에 틀림없을 거라고 느낀다. 그 당시 그곳에서 그런 말들을 만들어낸 사람은, 그가 누구였든지, 권위 혹은 사회 통제 문제로 고민하고 있었고, 그래서 자신들이 믿는 신의 입에 저 피비린내 나는 말들을 담으면서까지 자신들의 권위를 세우려고 노력했을 것이라고.

식량이나 자동차, 약품 혹은 신god을 생산해 내는 당사자들을 의심함으로써만, 무엇이 선이고 악인지 우리 스스로 알아내려고 노력함으로써만, 우리는 광고 회사, 정치인, 그리고 목사가 자신들이 아니라 우리에게 권한을 주려고 애쓰고 있다고 믿는 이 바보들의 천국에서 벗어날 수 있다.

지금까지 한 이야기는, 마치 못된 무술 영화에서처럼, 권위자들에게 도전해 그들을 무찌르고 환호작약하는, 용기에 관한 단순한 이야기처럼 들릴지도 모르겠다. 그러나 이것이 전부가 아니다. 왜냐하면 또 다른 제조업자의 주장이 거짓으로 판명될 때마다, 또 다른 정치인 집단이 우리에게 거짓말을 일삼은 것이 드러날 때마다, 종교적 주장들이 줄곧 거짓이었으며 자기 이익만을 도모해 온 것으로 밝혀질 때마다, 우리는 우리의 순박함과 신뢰를 조금씩 잃게 되기 때문이다.

그것이 천국을 떠나는 대가요 에덴 동산을 떠나는 대가이다. 신들과 맞붙어 싸우는 것은 대개 우리를 절름발이로 만들고 만다. 그것은 결코 값싼 승리가 아니다. 크리스마스가 되면 산타클로스가—심지어 당신 집에 굴뚝이 없을 때조차도—굴뚝을 타고 내려와 아이들에게 선물을 가져다준다고 더 이상 믿지 않게 된 때를 떠올려보라. 당신이 잃은 것을 기억해 보라. 어떤 사람들은 그것이 어린 시절의 순진함이 끝나는 표지라고 여기기도 한다.

당신이 하느님이라는 개념을 다시 생각하게 될 때에 무슨 일이 생기는가? 당신은 하느님이 그동안 누구의 손 안에 있었는지에 주목한다. 그리고 갑자기 하느님이 꼭두각시 인형을 부리는 사람보다는 거꾸로 사람 손에 부림을 당하는 꼭두각시 인형과 더 닮아 보인다. 당신은 조사를 한다. 그 결과 소란을 피운 것은 하느님이 아니라는 것을 깨닫는다. 소란을 피운 것은 사람들이었다. 부모, 목사, 정치인, 그리고 당신에게 뭔가 할 말이 있는 사람들이었다. 그들이 그런 소란을 피운 것은 그렇게 소란을 피우도록 배웠기 때문이다.

어쩌면 그들은 하느님이 그런 소란을 피우는 것이라고 믿기까지 했다. 그러나 그것이 사실이 아니라는 것을 깨달을 때 당신에게 무슨 일이 생기는가?

만일 당신이 자유주의적인 길을 선택한다면, 진리 혹은 하느님에 대한 그와 같은 주장들에 도전하고 그 주장들의 정체를 폭로한다면, 여러 가지 점에서 당신은 훨씬 더 혹독한 대가를 치르게 될 것이고 훨씬 더 많이 절룩거리게 될 것이다. 당신이 지금껏 배워온 하느님이라는 개념조차도 틀릴 수 있다면, 대관절 무엇이 틀리지 않을 수 있다는 말인가? 어떻게 그리고 어디에서 절대적인 확실성을 다시 발견할 수 있을까? 나아가 어디에서 도덕적 기반을 발견할 것인가?

당신은 하느님에 대한 믿음을 잃을 수 있다. 당신은 하느님이라는 개념에 대한 믿음마저 잃는가? 많은 사람들이 그렇다. 그것은 절름발이 신세가 되는 것이다. 당신은 진리, 선함, 정의, 혹은 아름다움이라는 개념에 대한 믿음마저 잃는가? 그것은 절름거리는 것보다 더 나쁘다. 그렇게 되어서는 안 된다.

당신은 계속해서 무지한 상태로 머물면서 차이점을 배우지 못할 수도 있다. 그러나 에덴 동산 이야기 속의 하느님은 저 고분고분한 무지의 섬김을 받는 사제들, 족장들에 의해 만들어졌다. 왜 당신은 자기 이익만을 꾀하는 저들의 하느님 개념을 찬미하려 하는가? 당신 스스로 하느님과 맞붙어 싸우고 강을 건너는 편이 더 낫다.

그러나 하느님과 맞붙어 싸워 강을 건너기란 쉽지 않다. 하느님은 어떤 면에서 산타클로스와 같기 때문이다. 당신의 눈이 열리면 어린아이 적의 마술적인 산타클로스를 잃게 된다. 그리고 당신의 눈이 열리면서 지금껏 소란을 피운 것이 바로 우리 인간들이라는 사실을 깨닫게 되면, 당신은 똑같이 어린아이 적의 마술적인 신을 잃게 된다.

신들과 맞붙어 싸우다보면 종종 미몽에서 깨어나게 되는 수가 있다. 목사가 교인에게 하느님이라는 개념을 아주 깊이 캐묻도록 독려하지 않는 것은 바로 이 때문이다. 목사들은 교인이 미몽에서 깨어나게 될까봐 두려워한다. 나쁘게 들리겠지만, 진지하게 생각해보라. 미몽에서 깨어나는 것이 '미몽에 사로잡히는' 것보다 정말로 더 나쁜가? 만일 당신이 '미몽에 사로잡혀' 있다면, 나는 당신이 미몽에서 깨어나기를 원하리라 생각한다.

하느님이라는 개념과 맞붙어 싸워 이기려면 현실에 기초한 몇 가지 사실들로 무장할 필요가 있다.

· 우리는 성진星塵으로 만들어졌고, 만물이 긴밀히 연결되어 있는 우주 안에서 마음속 깊이 평안을 누리며, 우주의 역동적인 힘이 또한 우리 안에 있다. 그리고 우리 운명의 일부는 우리의 고귀한 기원을 바로잡는 데 있다.

· 지구상의 모든 생명은 연결되어 있다. 우리는 여기에서 홀로가 아니

라 한 가족의 구성원으로서 서로 연결되어 있다. 모든 사람이 우리의 형제요 자매이다. 여기에서, 이라크에서, 니카라과에서, 세상 모든 곳에서.

· 우리의 힘과 존엄성을 빼앗으려는 강압적인 주장들은 대개 생명과 진리, 그리고 온전하고 거룩한 모든 것에 반대하는 거짓말이요 신성모독이다.

하느님이라는 개념과 맞붙어 싸우는 것은 우리에게 명예와 동시에 과업을 안긴다. 소란을 피우는 것은 바로 우리이다. 그러므로 그러한 소란이 신성한 소란이라는 것, 즉 우리를 노예로 만드는 것이 아니라 우리에게 권능을 부여하며, 우리 혹은 타인들을 무거운 사슬로 묶어놓는 것이 아니라 자유롭게 하는 진리의 소란이라는 것을 이해하는 것은 이제 우리에게 달렸다.

종교적으로 성장한다는 것은 부분적으로 누가 소란을 피우는지 이해하고, 우리의 진리와 신 들 대부분이 정치인, 목사, 그리고 교회의 손에 놀아나는 꼭두각시라는 것을 이해하여 어린아이의 에덴동산에서 벗어나는 것이다. 그러한 거짓 신들의 정체를 폭로할 필요가 있다. 그러나 여전히 세상에는 경이와 기적, 신비, 그리고 변형의 마법이 존재한다. 우리는 행동하지 않아도 좋다는, 참여하지 않아도 좋다는 핑계나 변명거리를 잃는다. 에덴의 동쪽에서 온전함과 진리를 추구하는 것, 그것이 우리 인간의 소명이다.

그렇다면 하느님이라는 개념에서 무엇이 남는가? 이 대목에서 불교가 도움이 될 것 같다. 불교에서는 달을 가리키는 손가락에 대해서 이야기한다. 손가락을 바라보는 데만 몽땅 시간을 쓸 뿐 결코 달을 보지 않는 불쌍한 사람들 이야기 말이다. 어쩌면 이 이야기에서 우리는 달을 대하는 새로운 관점을 얻게 될지 모르겠다. 우리가 일단 빛을 볼 수 있다면, 저 달을 가리키는 손가락은 한갓 주의를 흩뜨리는 방해물이 될 뿐이지 않는가.

훌륭한 마술사는 쇼의 막바지까지 자신들의 속임수를 드러내지 않는다. 그러나 나는 마술사가 아니라 목사니까 여기에서 내 속임수를 드러낼까 한다.

내가 여기에서 여태껏 하고자 애쓴 것이 앞서 죽 얘기해 온 세 가지 단계를 그대로 따른다는 점을 여러분이 알아챘으면 한다. 우리가 우리의 신들을 어떻게 만드는지 이해하는 데 있어 나는 내게 가장 진실한 방식으로, 내가 가장 잘할 수 있는 방식으로 시작했다. 그 다음에 나는 그것이 진실하다고, 따라서 당신이 그것을 삶에 적용하도록 당신을 설득시키고자 했다.

내가 옳은가? 지금까지 내가 제시한 것은 당신에게 최선의 진리인가? 하지만 내가 당신에게 제공할 수 있는 것은 이것뿐이다. 이제부터는 당신에게 달렸다. 여기가 내가 하느님이라는 개념과 맞붙어 싸워 빠져나온 곳이다. 궁극적으로는 당신도 맞붙어 싸울 필요가 있다. 나는 그러기를 권한다. 시련이 당신을 절름발이로 만든다고 할지라도, 그 시련은 당신을 축복하고 당신에게 새로운 이름을 줄 것이다. 목숨이 위험에 처해 있다. 그 목숨들 중 하나는 바로 당신의 목숨일지도 모른다.

3

현실에 기초한 구원

2003년 2월 23일

지금으로부터 거의 60년 전 독일에서 나치 운동이 몰락한 직후 마르틴 니묄러Martin Niemoeller 목사가 쓴 유명한 시를 놓고 나는 일주일 내내 생각에 잠겨 있었다. 그는 초기부터 아돌프 히틀러와 나치당원을 대놓고 비판한 사람이었다. 그가 종전을 맞이한 곳은 다하우의 집단 수용소였는데, 처형되기 직전 미군에 의해 풀려났다. 그가 1945년에 쓴 이 짧은 고백은 수천 번도 더 인용되었을 것이다.

맨 처음에 그들은 공산주의자를 잡으러 왔다.
나는 그들을 변호하지 않았다.
왜냐하면 나는 공산주의자가 아니었기 때문이다.
그 다음에 그들은 유대인을 잡으러 왔다.
나는 그들을 변호하지 않았다.
왜냐하면 나는 유대인이 아니었기 때문이다.
그 다음에 그들은 가톨릭 교인을 잡으러 왔다.
나는 그들을 변호하지 않았다.
왜냐하면 나는 가톨릭 교인이 아니었기 때문이다.
그 다음에 그들은 나를 잡으러 왔다.
그리고 그 무렵에는 나를 변호해 줄 사람이
하나도 남아 있지 않았다.

니될러의 경고는 정치에만 적용되는 것이 아니다. 그것은 종교에도 적용된다. 그의 메시지가 담고 있는 핵심은 예수가 훨씬 더 적은 수의 단어로 표현한 것과 똑같다. 우리는 모두 우리 형제와 자매를 지키는 자들이라는.

나는 보수적인 종교 전통에서 성장하지 않았기 때문에 전문적인 종교 용어들은 대부분 낯설다. 그래서 나는 보통 '하느님God' 이라는 단어를 우리의 최고의 이상과 가치를 상징하는 단어로 여긴다. 또 '구원salvation' 이라는 단어는 원래 의미가 건강함health 혹은 온전함wholeness이라고 생각한다.—이 단어는 어원이 '구하다save' 를 뜻하는 라틴 어에서 유래하기도 하지만, 동시에 '고통을 가라앉히다salve' 라는 뜻의 라틴 어에서 유래하기도 한다.— '건강함' 이라든지 '온전함' 이라는 용어가 나에게는 추상적이면서도 무난해 보인다.

그러나 많은 사람들이 왜 어린 시절 개인적으로나 가족이 통째로 교회를 떠나게 되었는지 이야기하는 것을 들을 때, 나는 현실 세계에서는 '구원' 이 매우 다른 의미를 지닌다는, 그것도 썩 긍정적인 의미가 아니라는 것을 깨닫는다. 그것은 당신이 정통 신앙 노선을 벗어나지 않기로 하는 한에서만 그들 집단이나 교회에 받아들여진다는 것을 의미했다. 하느님 혹은 구원에 관한 나의 정의는 그런 교회들에서는 아무런 효력도 발휘하지 못했을 것이다. 그것이 내가 성장기에 교회에서 내쫓긴 부분적인 이유이다. 그나마 다녔던 몇몇 교회도 나는 존경하지 않았다.

사람들이 오랜 세월 정들게 다니던 교회를 떠나야 했을 때 기분이 어떻더라는 얘기를 나는 수도 없이 들었다. 교회의 정통 가르침을 믿지 않는다는 이유로 교회에 머무를 수 없다는 것을 깨닫고 어떤 사람들은 분노했고 어떤 사람들은 마음에 상처를 받았다. 그들은 교회가 가르치는 방식으로 세상이 만들어지지 않았다는 것을 이미 감지한 사람들이었다. 그러나 그렇다고 큰소리로 말하는 것은 안전하지 못한 일이다. 이 하느님의 존재에 대해 별로 확신하지 못한다고 말하면, 총살까지야 당하지는 않겠지만, 사람들이 다들 이상한 눈초리로 쳐다볼 것이다. 무신론자나 이단자로 불릴지도 모른다. 어쩌면 남들에게 불편한 느낌을 주는 사람들로 낙인이 찍힐 것이다. 마치 이제는 더 이상 깨끗한 사람이 아니기라도 하다는 듯이 말이다. 바로 그래서 그들은 정든 교회를 떠나야 했다. 아주 많은 사람들, 상당수의 미국인이 교회에 다니지 않고 교회를 신뢰하지 않는 이유도 여기에 있다. 신들은 그 신들을 대변하는 사람들 손에 놀아나는 꼭두각시이다. 그리고 구원은 이들의 게임에 동조하는 대가로 주어지는 보상이다.

내가 여기에서 진정으로 말하고 싶은 것은 구원이 아니라 "한때 구원이라고 불렸던 것의 정당한 상속자"다. 나는 이 구절이 아주 마음에 든다. 이 구절은 내가 좋아하는 철학자 루트비히 비트겐슈타인Ludwig Wittgenstein(1889~1951)이 한 말에서 따온 것이다. 나는 그에 관해 박사 학위 논문을 쓰기도 했는데, 사람들이 그를 제대로 이해한다면 철학과 종교의 성격이 근본적으로 달라질지도 모를 일이다. 그가 케임브리지에서 몇 년 가르치던 때였는데, 어느 날 다른 철학자들이 그에게 지금 무얼 하고 있느냐고 물었다. 그들은 "확실히 철학은 아니군요!" 하고 말했다. 비트겐슈타인이 대답했다. "어쩌면 그럴 수도 있겠지요. 하지만 그것은 한때 철학이라고 불렸던 것의 정당한 상속자입니다." 이제 나는 한때 구원이라고 불렸던 것의 정당한 상속자에 관해 잠시 말하고자 한다.

구원에는 두 가지 측면이 있다. 진실로 믿는 것에 정직하고 열린 마음을 갖는 것, 머리와 가슴 모두에 참되다고 받아들이는 그 믿음대로 자신을 바꾸려고 애쓰는 것, 그 다음으로 그 믿음에 따라 살려고 애쓰는 것이 우리가 해야 할 전부라고 생각하고, 다른 잘못된 측면을 강조하기는 쉽다. 그러나 그것은 우리가 별로 걱정할 필요가 없는 쉬운 부분이다.

구원의 두 번째 부분, 그리고 가장 중요하고 가장 깨지기 쉬운 부분은 바로 마르틴 니묄러가 언급했던 부분이다. 그것은, 당신이 2등 시민이라거나 지옥에 떨어질 사람이라는 느낌을 강요받는 일 없이, 자신의 신학적 · 사회적 · 도덕적 혹은 정치적 신념을 말로 표현해도 안전하다고 느낄 수 있는 분위기이다. 당신이 떠나야 한다고 느낀 교회에 결여되어 있던 것이 바로 이런 분위기이다. 왜 이런 분위기가 결여되어 있었는가? 모든 교회에는 규율이 존재하기 때문이다. 더욱이나 당신 마음에 상처를 준 교회에는 아마 잘못된 규율이 있었을 것이다.

우리는 이런 규율을 신학적 용어로 정통 신앙orthodoxy이라고, 즉 한 집단에 의해 승인되고, 해당 종교 내의 모든 사람에게 허용되는 믿음의 범위로 사용되는 일련의 신념이라고 부를 수 있다. 일단 정통 신앙이 자리 잡으면, 당신이 아직 선택을 끝내지 않았을지라도 선택은 거기서 멈춘다. 어떤 집단이 정통 신앙을 확립한 후의 선택을 가리키는 신학 용어는 '이단'이다. 이런 방식으로 바라보면 이단은 신성하고, 정통 신앙은 신성 모독이다. 이단은 건강하게 살아있는 거룩한 정신the Holy Spirit이어서, 당신을 온전하게 해줄 믿음을 발견하도록 도와준다. 정통 신앙은 당신을—그리고 모든 신들을—집단의 크기에 맞게 싹둑 잘라내는 일종의 집단 사고思考이다.

그리스 신화의 프로크루스테스Procrustes 이야기에는 정통 신앙에 대한 다른 이미지가 들어 있다. 프로크루스테스는 쇠 침대를 갖고 있었다. 그는 방문객들에게 매우 친절해서 늘 그들에게 누워 잘 침대를 제공하곤 했다. 그러나 방문객이 일단 침대 위에 누우면, 그들의 몸을 잡아 늘인다든지 다리를 자른다든지 해서 그들 키가 침대에 억지로 들어맞게 했다. 그는 쇠 침대를 갖고 있었고, 사람들은 누구나 그 침대에 몸을 맞춰야 했다. 그것이 정통 신앙이다.

또 하나의 이미지는 텔레비전 시리즈 〈스타 트렉Star Trek〉에 나오는 보그Borg라는 집단이다. 보그는 모든 사람을 자신에게 동화시켜 그들 간의 개인적인 차이를 말살하고 근본적으로 집단의 영혼을 심어주는 일종의 숭배자 집단cult이다.

이 '숭배자 집단'이라는 단어는 교회 안에서 구원을 발견하는 데 가장 큰 장애물을 가리키는 단어 중 하나이다. 최근에 나는 미국가족계획연맹의 초청으로 가족 계획과 낙태에 관한 종교적 승인 문제를 토론하러 나온 예수회 학자 다니엘 맥과이어Daniel McGuire와 점심 식사를 같이 한 적이 있다.

점심을 먹으면서 그는 자신이 속한 가톨릭 교회를 하나의 숭배자 집단이라고 불렀다. 이 말에 그 자리에 있던 한 가톨릭 여성이 충격을 받고, 그게 무슨 뜻이냐고 물었다. 그는 "숭배자 집단은 자신들의 믿음으로 당신의 믿음을 대신하지요"라고 대답했다. 그는 또 교회는 오직 자신들의 가르침만 권위를 지녔다고 가르치고, 어디까지 생각해도 좋은지 한계를 정해주면서, 이에 따르지 않는 사람은 모두 배척한다고 했다. 그런 의미에서 교회는 늘 일종의 숭배자 집단이었으며 구원에 장애물이었다는 것이다. 아울러 그는 종교학도라면 누구나 알고 있는 사실, 즉 역사에 이름을 남긴 유명한 종교 사상가들은 자신들이 속한 집단이 받아들이고 있는 믿음의 범위를 넘어섰다는 점에서 사실상 당대의 이단자들이었다고 지적했다. 그날 맥과이어가 한 말 중 내 마음에 가장 와 닿은 것은 보수주의자들을 가리켜 "죽은 자유주의자들을 숭배하는 사람들worshipers of dead liberals"이라고 정의한 대목이었다.

나는 이 이미지들이 잘 어울린다고 생각한다. 그러므로 그것을 정통 신앙이라고, 당신을 누군가의 침대에 꼭 맞게 잘라내는 프로크루스테스의 습관이라고, 당신의 영혼을 빨아들인 뒤 자신의 비인격적인 영혼을 주입시키는 보그라고 간주하라. 혹은 받아들일 수 있는 믿음의 범위를 제한하는 숭배자 집단이라고 간주하라. 당신이 그것을 무엇이라고 부르든지 간에, 그것은 진리, 신, 그리고 구원을 발견하는 당신의 능력을 해치는 치명적인 적이다.

총체성wholeness, 진정성authenticity, 온전함integrity, 그리고 구원을 추구함에 있어 가장 중요한 측면은, 진심에서 우러난 믿음이라면 그것이 어떤 것이건 똑같이 '순수한clean' 것으로 환영받는 분위기가 되어야 한다는 점이다. 그런 분위기가 없이는 어떤 공동체도 결국 안전하지 못하다.

만일 목사들이 "보라, 우리는 개인으로서, 파트너로서, 부모로서, 그리고 시민으로서 완전히 살아있고 인간적이 된다는 것이 무슨 의미인지 탐구하려고 애쓰고 있다. 우리 전통에서는 대개 이것을 하느님에 관한 말God-talk 속에서 행해왔다. 그러나 이는 한갓 말하는 방식에 지나지 않는다. 만일 당신이 이 공동의 목표를 다른 말로 표현할 수 있다면 그렇게 하라. 결국, 그것은 그저 말하는 방식일 뿐 그것이 곧 신성한 말은 아니다. 우리가 그것을 더 많은 방식으로 말할 수 있으면 있을수록, 우리는 우리가 말하고 있는 것을 참으로 알 가능성이 더 높다"고 이야기할 수 있었다면, 사람들은 교회를 떠나지 않았으리라고 나는 장담한다.

그것이 내가 말하려는 분위기이다. 진심에서 우러난 의견이라면 어느 것이든 똑같이 환영받는 분위기 혹은 문화 같은 것 말이다. 이 말이 당신이 그런 의견들을 반드시 존중해야 한다는 의미가 아니라는 점을 이해해 주기 바란다! 의견들은 열린 대화 속에서 존중을 받아야 한다. 경박한 의견, 자기도취적인 의견, 혹은 반사회적인 의견들까지 그래야 한다고 말하는 게 아니다. 이를테면 내가 아는 어떤 교회에서 정신 장애가 있는 한 교인이 어린아이에 대한 성도착性倒錯의 즐거움을 주제로 토론 모임을 열려고 한 적이 있었는데, 그런 것까지 그래야 한다는 말은 아니다. 하지만 진심 어린 의견을 이야기하는 사람은 누구나 환영을 받는다는 느낌, '순수하게' 받아들여진다는 느낌을 받아야 한다.

당신 자신을 찾고 당신의 믿음을 찾기 위해서, 쇠 침대에 꼭 맞게 당신을 잘라내길 원하는 공동체를 박차고 나와야 하는 일이 얼마나 많은가! 여기 두 가지 사례가 있다. 둘 모두 오스틴에 있는 침례교회와 관련된다. 몇 년 전, 침례교 대학 교회의 목사가 《뉴욕타임스》 1면에 자신이 겪은 이야기를 털어놓았다. 그 교회는 남침례교단의 새로운 정통 신앙을 어기고 동성애자를 부목사로 임명하여 교단을 떠들썩하게 했다. 그 결과 그들은 자신들의 믿음에 따라 살기 위해 남침례교단에서 탈퇴했다. 그리고 지난해에는 오스틴 시내에 있는 제일침례교회가 옹졸하고 비열하다고 느끼던 믿음에 더 이상 순응하기를 거부하고 남침례교단을 탈퇴했다.

인간의 본성에서 가장 매력 없는 것 중 하나는 세상을 우리 믿음의 형상대로 만들려는, 곧 신과 제도를 우리 손에 놀아나는 꼭두각시로 바꾸려는 영원한 갈망이다. 만일 그 믿음이 정말로 폭넓고 포괄적인 것이라면 그 세상은 좋은 세상일지도 모른다. 그러나 그런 법은 거의 없다. 그것은 십중팔구 당파성을 띤다. 그 뒤에는 늘 어떤 신학, 어떤 사회적 이데올로기, 어떤 정치적 강령이라는 당파적인 노선이 따른다. 쇠 침대들. 온통 쇠 침대들뿐이다.

위대한 종교적 인물들은 거의 모두 구원을 받기 위해서, 총체성과 진정성을 찾기 위해서 자신들이 속해 있던 공동체를 떠나야만 했다. 부처가 그랬고, 예수가 그랬고, 무함마드가 그랬다.

자기가 속한 공동체를 떠나는 일은 아주 쉽게 일어날 수 있다. 내가 말한 분위기가 아무리 넓게 퍼져 있을지라도 그 분위기는 너무 쉽게 깨지고 너무 쉽게 파괴된다. 대학원 시절 나는 그리 흔치 않은 한 자유주의 기독교회에 나갔다. 그 교회는 실제로 모든 믿음을 환영했고, 또 환영한다고 말을 했으며, 개방적인 친교를 실천했다. 그러나 그 경계가 어디까지인지 명확히 하기가 어려운 때가 이따금씩 있었다. 일부 더 엄격한 교인들은 신앙 고백 시험을 회복시키려 계속 애썼다. 마침내, 사람들이 어떤 믿음을 가졌든지 간에 우리의 가장 중요한 목적은 하느님 나라의 수립을 돕는 것이라는 사실에 우리 모두가 동의할 수 있다고 교회가 말해줄 것을 누군가가 위원회에 제안했다.

그것은 최선의 세상, 최대의 정의와 공평함과 동정심을 가진 세상에 대한 은유였다. 이 은유가 어떻게 옹종하고 겁나는 것으로 바뀔 수 있을까?

그것을 알아차리는 데는 많은 시간이 걸리지 않았다. 그것을 알게 해준 사람은 댄이라는, 목회를 준비하는 남자 신학생이었다. 댄은 아마 지금껏 내가 만나본 사람 중에 가장 헌신적이고 용기 있는 사회 활동가였을 것이다. 어느 주일, 그가 일어나 대표 기도를 드리게 되었다. 기도중에 그는 화요일이 투표일임을 상기시키면서 말했다. "여러분은 화요일에 하느님 나라를 위하거나 아니면 거스르는 둘 중 한 가지 일을 하게 됩니다. 만일 민주당에 투표를 한다면 여러분은 하느님 나라를 위해 일하는 것입니다. 하지만 그렇지 않다면 여러분은 하느님 나라의 적이 됩니다. 그 점을 명심하십시오!"

모든 사람이 깜짝 놀랐다. 지금까지 댄에게 제대로 맞선 사람은 한 사람도 없었다. 그것은 댄이 자기가 옳다고, 온 교회를 위하여 옳은 일을 하고 있다고 알고 있었기 때문이다. 내가 그곳에 나다니던 3년 사이에 그 교회는 예전과는 판이하게 달라졌다. 그 다음해, 매월 한 번씩 있는 성찬식 때 전직 교수 한 분이 성찬식 식탁 앞에 서서 이렇게 선언했다. "성찬식은 기독교의 성례전입니다. 그러므로 성찬식은 예수 그리스도를 주님이요 구세주로 받아들인 모든 기독교인에게 열려 있습니다." 이 한 마디가 결정타였다. 언제 깨질지 모르던 분위기는 이로써 산산조각이 났다. 그것을 어떻게 회복해야 할지 아무도 몰랐다. 일부 사람들은 교회를 떠나 다시는 아무 교회에도 나가지 않았다.

나중에, 나는 목사가 되어 구원의 정당한 상속자에게 꼭 필요한 이 같은 자유주의 분위기가 산산조각이 나버린 교회를 섬겼다. 그 교회에는 자유주의 종교 스타일을 못마땅하게 여기는 세속적인 휴머니스트들의 소집단이 있었는데, 그들이 마침내 자기네 집단에 있는 세 사람을 위원회에 진입시켰다. 그리고 그 중 한 사람은 다른 사람들을 윽박질러 자신을 위원장으로 세우도록 종용했다. 몇 달 안 가, 그 사람은 내가 설교단에서 써서는 안 될 단어의 목록—예컨대 '영혼' '심령' '하느님', 그리고 '기적' 같은—을 조그만 종잇조각에 적어서 나에게 주었다. 그가 주장하기를, 나에게는 여전히 설교의 자유가 있다고 했다. 하지만 그러한 단어들은 휴머니스트들을 화나게 만들고, 목사로서의 나의 일은 그들의 감정을 잘 배려하는 것이기 때문에, 품위 있는 목사가 되려면 그러한 단어를 사용해서는 안 된다고 했다.

물론 나는 그 단어들을 계속 사용했다. 싸움이 2년 넘도록 계속되는 동안 악의에 찬 비방도 강도가 더 심해졌다. 그들은 자신들이 옳다는 것을 너무도 확신하였다. 심지어 한 사람은 위원회의 위원인 교회 관리자 앞에서 나를 죽이겠노라고 공개적으로 협박하기까지 했다. 내가 그날 아침 두 번째 예배에서 설교를 하는 동안 경찰은 밖에서 진술을 받았다.

올바른 입장은 오로지 하나뿐이며 바로 자신들이 그런 올바른 입장에 서 있다고 생각하는 사람들이야말로 이 세상에서 가장 위험한 사람들이다. 종교에서의 정통 신앙과 숭배자 집단, 또 반대자를 체포할 권리를 주장하는 정치 체제라든지, 보그처럼 활동하는 여타의 사회적 · 신학적 · 문화적 이데올로기 속에 이런 사람들이 있다.

우리가 프로크루스테스의 쇠 침대, 숭배자 집단, 혹은 보그와 같은 이미지를 아주 쉽게 인식할 수 있는 것은, 인간의 본성 내부 깊은 곳에 있는, 위험하지만 지극히 자연스러운 어떤 것으로부터 이 모든 것이 나오기 때문이다. 우리의 신들이 자신들을 대변하는 사람들 손에 놀아나는 꼭두각시가 되는 것과 꼭 마찬가지로 우리가 남들에게 일부 기초적인 믿음과 가치를 따르도록 지시하는 세상에서 우리는 가장 마음이 편할 것이다. 우리는 기다렸다는 듯이 곧장 신학적 · 정치적 · 사회적 차원의, 심지어는 복장 규정에까지 이르는 정통 신앙들을 만들어낸다.

구원은 민주주의와 같다. 영원히 경계를 늦추지 않을 때에만 그것이 가능하다는 점에서 그렇다. 그래서 여기에 당신이 있는 것이다. 미국 사회를 구원의 정당한 상속자로 만들기 위해 어떤 일을 할 필요가 있는지 당신은 의아해할지도 모른다. 구원은 두 부분으로 이루어진다는 것을 기억하라. 첫째로, 당신은 당신 자신의 질문과 믿음을 갖고, 그런 질문과 믿음 들이 삶의 기준이 되기에 적합하다고 느껴질 때까지 기꺼이 그것들에 마음을 쏟으며, 그런 다음에도 당신이 더 성장해 나아가기를 원한다면 계속해서 그것들에 전심전력해야 한다.

그리고 둘째로, 진심에서 우러난 모든 믿음이 똑같이 환영받고 똑같이 '순수한' 것으로 여겨지는, 그와 같은 깨지기 쉬운 분위기를 유지하는 것이 중요하다. 전에 아주 편안하다는 느낌을 받았던 침대에 딱 들어맞게 우리의 믿음을 그럴 듯이 재단하려는, 우리 모두가 갖고 있는 그 억누를 수 없는 갈망을, 우리가 바짝 경계하여 저지할 수 있는 것은 바로 이런 분위기 덕분이다.

구원의 정당한 상속자는 건강한 자유주의적 교회 안에서만 발견될 수 있다. 그리고 교회는 저 눈에 보이지 않고 깨지기 쉬운, 그래서 활력이 있는 분위기가 유지될 때에만 건강해질 수 있다. 그런 교회는 "구원에 이르는 최선의 길은 이것이다" 하는 식의 궁극의 합의 따위는 결코 끌어내지 않는, 도덕적으로 동등한 사람들의 공동체이다. 이런 공동체에서는 진심에서 우러난 모든 종교적 · 정치적 · 도덕적 믿음들이 똑같이 환영받는다.

그렇다면 구원이란 무엇인가? 구원은 달리 어떻게 표현될 수 있는가? 구원을 건강함, 총체성, 온전함, 진정성 등으로 풀이하는 전통적인 자유주의적 해석들에조차, 단순한 구원 개념보다 훨씬 앞서 있고 도전적인 이 "한때 구원이라고 불렸던 것의 정당한 상속자"와 관련한 뭔가가 있다고 나는 생각한다.

저 깨지기 쉬운 자유주의적 분위기, 그러니까 우리가 구원이라고 부르는 일종의 총체성을 모든 사람이 각기 다른 통로를 통해 자유롭게 추구할 수 있는 분위기를 보존하고 유지해야 하는 우리의 이 신성한 의무가 우리 자신의 성장보다 훨씬 더 중요하다고 말하는 것은 단순히 구원을 말하는 것과는 다르다. 그 이상이다. 불교도들은 승가sangha 곧 거룩한 공동체가 깨달음에 이르는 통로의 여러 본질 가운데 하나라고 말한다. 극소수이겠지만 일부 사람들은 홀로 깨달음을 얻으려고 할지도 모른다. 하지만 우리들 대부분은, 사회에서도 그렇듯이, 궁극의 관심사를 부차적인 것으로 돌리지 않고 궁극적인 것으로 간주할 줄 아는 사람들, 곧 구도자들의 공동체에 들어가 그 일원이 될 필요가 있다. 마르틴 니묄러가 힘겹게 배웠듯이, 모두가 자유롭고 안전하지 못하면 결국 아무도 자유롭고 안전할 수 없다는 것을 공동체 안의 모든 사람들이 알고 서로를 지켜줌으로써 안전을 유지해 나아가는 상호 보호의 토양 안에서만, 우리의 영적 뿌리도 깊어지고 우리의 가지도 높이 뻗어나갈 수 있다. 교회만 그런 것이 아니다. 사회도 마찬가지다. 아니 사회에서는 이것이 훨씬 더 중요하다.

이러한 설명의 밑바닥에 깔려 있는 '진리'를 이해하는 데 도움이 되는 옛날 이야기가 하나 있다. 장님들과 코끼리 이야기 말이다. '코끼리'는 아주 복잡하고 신비한 생명체를 가리킨다. 각각의 '장님'은 한 명의 사람, 혹은 심리학 · 지질학 · 신학 · 역사학 따위 하나의 학문 분야를 가리킨다. 장님들은 자신들의 학문 분야나 개인적인 생애를 통해 익힌 뿌리 깊은 편견이 허락하는 것만 볼 수 있다. 어느 누구도 '코끼리'의 전체 모습은 보지 못한다. 설령 가능한 모든 모습을 볼 수 있고, 삶과 인간 상황에 관해 뭔가 알려주는 온갖 학문을 이해할 수 있다고 하더라도, 그것은 여전히 얼마 되지 않을 것이다. 은유적으로 말해, 당신 자신이 코끼리가 아니고서는 코끼리를 이해할 수 없다. 그리고 그런 경우에도 당신은 오직 한 마리의 '코끼리'일 뿐이다. 세상에는 아주 많은 코끼리들이 있다.

겸손함이 빠져서는 어떠한 지적 · 영적인 계획도 온전히 이뤄지지 않는, 바로 이 때문에 진심에서 우러난 모든 믿음과 연구, 관점, 그리고 감정이 삶의 궁극적인 관심사에 관한 무한히 열린 토론 안에서 허용될 수밖에 없는 다원주의 세계 속에 한때 구원이라고 불렸던 것의 정당한 상속자가 존재한다. 그리고 모든 진심 어린 사람들과 의견들을 토론과 친교 속으로 맞아들이는 저 본질적이고 활력 있으며 깨지기 쉬운 분위기를 보호하고 방어하기로 서약하는, 승가와 같은 영적 공동체 속에 우리가 있지 않는 한, 그 진심 어린 믿음, 연구, 관점, 감정은 환영받을 수가 없다.

만일 내가 예수의 가르침을 올바로 이해했다면, 예수는 이런 영적 공동체를 하느님의 나라라고 불렀을 것이다. 부처는 이것을 다른 모든 사람들 속에 부처의 씨앗이 깃들어 있다고 인식하고 그 소중한 씨앗을 지키고 길러주는 각자覺者들의 공동체라고 불렀을지도 모르겠다.

조셉 캠벨은 언젠가 진정한 사람 하나가 세상에 다시 활기를 가져다준다고 말했다. 상상해 보라. 진정한 모습을 한 사회라면 어떤 일을 할 수 있을는지.

나의 정치적 혹은 종교적 믿음이 당신에게 영향을 미치지 않으리라는 사실을 입증하는 데 필요한 것은 당신의 정치적 혹은 종교적 믿음이 나에게 영향을 미치지 않는다는 사실뿐이다. 그것은 약간은 혼란스럽게 들리고 실제로도 그렇다. 하지만 그것은 자신들의 자유를 부여받은 사람들의 혼란이다. 진심 어린 믿음들이 모두 똑같이 환영을 받으며 대화가 이뤄지는 곳에서, 우리는 설령 구원은 아닐지라도 한때 구원이라고 불렸던 것의 정당한 상속자를 발견할 수 있다. 사실 그런 곳이야말로 우리가 그 상속자를 발견할 수 있는 유일한 장소이다.

AMERICA FASCISM & GOD

2부 파시즘

4

근본주의의 의제

2002년 2월 3일

근본주의fundamentalism에 대한 정의는, 미국의 저술가이자 편집자인 멘켄H.L. Mencken이 청교도주의에 대해 "누군가가 어디에선가 행복할지도 모른다는, 마음에 자주 떠오르는 두려움"이라고 말한 것에서 크게 벗어나지 않을 것이다. 이 말에는 뭔가가 있다. 인간의 정신이 솟아오르고 인간 사회가 꽃을 피울 발판을 제공하기에, 이 말은 너무나도 두려움에 차 있고 너무나도 제한적이며 너무나도 믿음이 결여되어 있다.

그러나 이 말만으로는 충분하지가 않다. 지난 40년 동안의 미국의 문화적 자유주의에 대한 일부 불가피한 또 불편한 비판 없이는 근본주의를 제대로 이해할 수 없다. 2001년 9 · 11 테러의 여파로 우리는 보기 드문 계시의 기회를 얻었다. 그 계시는 두 단계에 걸쳐 왔다.

첫째는, 일부 이슬람 근본주의자들이 증오하는 우리 문화의 목록이다.

· 그들은 해방된 여성, 그리고 해방된 여성을 상징하는 모든 것을 증오한다. 여성이 직장에서 남성과 경쟁하는 것, 언제 출산을 할 것인지 혹은 출산을 할 것인지 말 것인지를 여성이 결정하는 것, 여성이 독자적으로 낙태를 하는 것, 과거에 남성에게 더 많은 권력을 주던 법률이

여성에게 유리한 쪽으로 개정되는 것을 그들은 증오한다.

· 그들은 지금까지 인간 사회를 특징지어 온 다양한 성적 취향과 생활 방식을 증오한다. 그들은 동성애를 증오한다. 그들은 자기 안의 동성애적 경향에 솔직하게 직면할 수 없으며, 따라서 그것을 바깥으로 투사하여 남들이 보이는 동성애적 경향을 처벌한다.

· 그들은 유일무이의 엄격한 진리로 모든 사람을 속박하고 싶어하며, 따라서 사람들을 그런 진리에서 벗어나게 만드는 개인적인 자유와 권리를 증오한다.

이 계시들에는 정말 새롭다 할 만한 것은 별로 없다. 호메이니가 이끄는 이슬람 근본주의자들이 1979년 이란에서 엄청난 혼란을 야기했을 때, 또는 탈레반이 1990년대 중반에 아프가니스탄을 장악했을 때, 우리는 이 모든 것을 이미 보았다.

그러나 9 · 11 테러가 발생하고 이틀 뒤 놀라운 일이 벌어졌다. 제리 폴웰과 팻 로버트슨(이들에 관해서는 '머리말' 부분 참조—옮긴이)이 '700 클럽'에서 한 아주 거침없는 인터뷰에서였다. 그 인터뷰가 놀라운 이유는 그들처럼 대중 매체의 속성을 빤히 꿰뚫고 있는 사람들이 방송중에 그런 말을 했기 때문이기도 하지만, 또 하나는 그들이 9 · 11 테러의 이른바 '원인들'이라고 열거한 것이 아프가니스탄의 탈레반이 윤곽을 그린 증오의 목록과 정확히 맞아떨어지기 때문이었다.

· 명령을 따르지 않고, 자신이 원할 때에 낙태를 하며, 여성을 지배하려는 자신들의 거만한 요구를 위협하거나 비웃는 해방된 여성들을 그들은 증오한다.

· 그들은 지금까지 인간 사회를 특징지어 온 다양한 성적 취향을 증오한다. 오늘날 남편은 일하고 아내는 집에서 아이들을 돌보는 경우는 미국 가정의 6분의 1에도 못 미친다. 그러나 그들은 두 명의 이성異性으로 결합된 부모로서 남편은 일하고 아내는 집에서 아이들을 돌본다는 공상적인 이미지에 순응하도록 국민을 강제할 것이다.

· 그들은 이 나라의 전체 국민으로 하여금 따르게 하고 싶은 일련의 단순 진리들로부터 사람들을 이탈시키는 개인적인 자유를 증오한다. 자신들 같은 근본주의 기독교인들에 의해 운용되지 않는 민주주의는 적합한 정부 형태가 아니라고 팻 로버트슨은 오래전부터 공개적으로 말해왔다.

'우리' 기독교인 근본주의자들이 '그들' 이슬람 근본주의자들과 똑같은 증오의 목록을 갖고 있다는 것이 우연의 일치가 아님을 깨닫는 것이 아주 중요하다!

시카고 대학은 관련 연구 중 최대 규모의 '근본주의 프로젝트'를 1988년부터 1993년까지 6년에 걸쳐 실행했다. 전 세계 약 150명의 학자가 참가하여 가능한 모든 종류의 근본주의를 상정하고 그에 관한 보고서를 썼다. 그 결과 그들은 세계의 모든 근본주의 운동의 의제agenda는 종교나 문화와 상관없이 거의 동일하다는 사실을 발견했다.

그들은 사실상 모든 근본주의자들이 공유하고 있는 바를 다음과 같이 다섯 가지로 밝혔다.

1. 근본주의자들의 규칙은 모든 사람, 모든 삶의 영역에 적용되어야 한다. 교회와 국가, 또는 삶의 공적 영역과 사적 영역의 분리는 있을 수 없다. 하느님의 엄격한 규칙은 땅의 법이 되어야 한다.—그리고 그들은, 오직 그들만이 그 규칙에 대한 권리를 가졌음을 결코 의심하지 않는다.—대법원 판사들이 성경에 손을 얹고 헌법 수호를 맹세하는 것과 꼭 같이, 그들 또한 헌법에 손을 얹고 성경 수호를 맹세해야 한다고 팻 로버트슨은 말했다.
2. 남성이 맨 위에 있다. 모든 면에서 그렇다. 남성은 더 크고 더 강하며, 그들의 통치는 신체적 강함을 통해서뿐만 아니라, 더 중요하게는 땅의 법과 규칙에 대한 그들의 영향력을 통해서 이루어진다. 남성이 경계를 설정하며, 규범을 정의하고 또 시행한다. 남성은 또한 여성을 규정하기도 하는데, 이는 좁은 의미의 생물학적 기능을 가지고 규정하는 것이다. 여성은 뒷바라지하는 아내, 엄마 그리고 주부가 되어야 한다.
3. 세상에 대한 올바른 그림도 딱 하나뿐이고, 올바른 믿음도 오직 하나뿐이며, 남성과 여성과 아이의 올바른 역할도 한 가지밖에 없기 때문

에, 이 같은 그림과 규범과 규칙을 다음 세대에게 정확하게 전달하는 것은 그들에게 지상명령이다. 그러므로 그들은 사회에 대한 교육을 통제하지 않을 수 없다. 교과서는 물론 가르치는 방식까지도 통제하며, 가르쳐야 할 것과 가르쳐서는 안 될 것도 그들이 결정한다.

4. 근본주의와 파시즘 사이에는 놀랍도록 강하고 깊은 유사성이 있다. 둘 모두 거의 동일한 의제를 갖고 있다. 한 학자는 근본주의는 종교적 파시즘으로, 파시즘은 정치적 근본주의로 이해하는 것이 도움이 된다고 말했다. 근본주의자들은 근대를 쫓아내고 그 대신 실제로는 한 번도 존재한 적이 없는 황금 시대, 그 향수 어린 환상으로 돌아가고 싶어한다. 마찬가지로 "근대의 초극overcoming the modern"이라는 문구는 최소한 1941년으로 거슬러 올라가는 파시즘적 구호이다.

5. 근본주의자들은 과격하고 독특한 방식으로 역사를 부정한다. 문화는 그것이 만지는 모든 것을 오염시킨다는 사실을 근본주의자들은 누구 못지않게 잘 알고 있다. 우리를 가르치는 교사나 우리가 살고 있는 시대는 우리가 어떻게 생각해야 할지, 무엇을 소중히 여겨야 할지, 어떤 사람이 되어야 할지에 영향을 미친다. 왜곡된 교사나 책은 왜곡된 사람, 왜곡된 사회를 만들어낸다. 나아가 근본주의자들은 자유방임적인 분위기, 나르시시즘, 그리고 책임감이 뒤따르지 않는 개인적 권리, 정조 관념 없는 섹스 등 오늘날 미국 사회의 왜곡된 모습들에도 동의한다. 이들 근본주의자들이 보고 싶어하지 않는 것은 그들의 성경이 씌어졌을 당시에도 정황이 이와 아주 똑같았다는 점이다. 성경의 원래

의도를 이해한다면 지금 우리의 삶에 여전히 의미 있는 성경의 메시지들이 어떤 것인지 더 잘 가려낼 수 있을 텐데, 이를 위해 성경이 만들어지던 당시의 문화적 상황을 연구하는 것이 바로 훌륭한 성경 연구의 출발점이다. 그러나 만일 근본주의자들이 자신들의 성경 또한 다른 모든 것이 그렇듯이 문화적 영향을 받았다고 인정한다면, 그들은 자신들의 확실성에 대한 기초를 잃어버리게 된다. 예를 들어 사도 바울은 심각한 성적 장애를 지니고 있었는데, 바로 이러한 장애가 동성애 및 여성과 관련해 그가 개인적으로 부딪친 문제들의 배후에 놓여 있었다. 여성이 교회에서 말을 하는 것은 수치스러운 일이라고, 남성은 하느님의 모습으로 만들어졌지만 여성은 남성의 모습으로 만들어졌다고 말하는 것 말고 그가 달리 어떻게 말하겠는가? 식견 있는 성경학자들이 바울의 가르침 중 일부를 계시가 아니라 연극조의 떠벌림으로 받아들이는 것은 이 때문이다. 그러나 근본주의자들은 그들의 성경이 가죽으로 제본된 책의 형태로 일점일획도 손상됨 없이 하늘에서 뚝 떨어졌다고 여긴다.

이제, 이 목록과 관련하여 뭔가가 당신을 괴롭힐 것이다. 내가 덧붙인 예증들을 제외하고는, 내가 무슨 종교, 무슨 문화, 심지어 무슨 세기世紀에 관하여 말하고 있는지 당신이 말할 수 없다는 것이 바로 그것이다! 12년 전 시카고 가을 모임(위에서 언급한 시카고 대학의 '근본주의 프로젝트'를 말함—옮긴이)에서 학자들이 논문 초록을 제출하려다 멈춘 것도 바로 이러한 인식 때문이었다. 그들 중 몇 사람은 자신들의 논문이 모두 똑같아 보인다는 사실, 자신들이 '종種'에 관해 쓰고 있었으며 '속屬'을 연구할 필요가 있다는 사실, 그리고 종교들 간에 서로 영향을 주고받을 아무런 접촉도 방법도 없을 때조차도 이 모든 근본주의들 사이에 강한 가족 유사성이 있다는 사실에 주목했다.

이것이 세계의 모든 근본주의 의제들과 관련하여 우리가 배울 필요가 있는 가장 중요한 것 중 하나이다. 근본주의는 모두 서로 닮아 있다. 그렇게 서로 닮을 수 있는 유일한 길은 그 의제가 모든 종교들보다 앞서 있는 경우뿐이다.

그리고 사실이 그랬다. 이러한 행위들이 낯익은 것은 우리 모두가 이 행위들을 여러 번 보고 들었기 때문이다. 이 사람들은 그들 집단의 영토와 규범과 내內집단의 행동을 규정하는 우두머리 수컷의 역할을 하고 있다. 이것은 수컷이 암컷보다 강한 종으로서, 세력권세의 습성(자신의 영역 내에 들어오려는 다른 동물을 배타적으로 거부하는 습성—옮긴이)을 가진 수만 개의 종들이 보이는 행동이다. 전문 용어로 표현하면, 이것은 성적性的으로 암수의 형태가 다른 동종이형同種異形의 동물로서, 세력 권세의 습성을 가진 동물들에게서 볼 수 있는 특징적인 행동이다. 이들 세계에서는 수컷이 규칙을 규정하고 시행하며, 암컷은 수컷에게 복종하고 새끼들을 기른다.

보수주의자들이 보수保守하고 있는 것은, 사실상 만 개의 다른 종의 디폴트 세팅(컴퓨터에서 어느 값을 지정하지 않은 경우 자동적으로 기본 값으로 설정하는 것을 말함—옮긴이)과 동일한 인간의 생물학적 디폴트 세팅이다. 이것이 의미하는 바는, 근본주의자들이 자신들이 하느님의 말씀에 순종하고 있다고 말할 때 실은 자기들의 지위에 요구되는 권위는 엄격히 감추면서 말한다는 것이다. 이러한 행동 체계의 배후에 놓여 있는 진짜 권위는 지금까지 존재해 온 어떤 종교, 어떤 신보다도 수천만 년은 더 오래된 것이다. 자신들의 권위를 투사한 보호자로서 대부분의 신들을 탄생시킨 것, 이것이 삶의 실제 정황이다.

그것은 지극히 자연스럽고 오래되고 또한 강력한 것이다. 동시에 그것은 전혀 부적합한 것이기도 하다. 그것은 우리가 150명 미만의 작은 단위로 무리를 지어 살던 때 나온 일종의 관계 구축 수단이다. 현대 세계에서 그것은 인간에게 합당한 방식으로 인간 사회를 구축하는 데 필요한 미묘함 혹은 유연성을 전혀 감당할 수 없다. 하지만 그것은 현대 사회에서 보수주의자들과 자유주의자들의 상대적인 역할, 그리고 근본주의자들의 반란을 촉발시키는 데 자유주의자들이 하는 역할을 우리가 훨씬 잘 이해하도록 도와준다.

근본주의 의제 속에서 그 양태가 가장 두드러지게 나타나는 보수주의적 충동은 바로 우리 사회를 안정된 것으로 만들려는 시도이다. 많은 관찰자들이 주목해 왔듯이, 위계 구조야말로 매우 안정된 경향을 보인다.

자유주의적인 충동은 우리에게 안정성이 아니라 인간적 품격civility 혹은 인간애humanity를 가져다주는 데 이바지한다. 자유주의자들이 하는 주된 일은 우리의 내집단을 확대하는 것이다. 이것은 실제로 모든 자유주의적 사회 진보의 구상이다. 80년 전 여성에게도 투표권을 갖게 한 것은 내집단을 성인 남성뿐인 데서 성인 여성을 포함하는 쪽으로 확장시킨 것이다. 일단 자유주의자들에 의해 확대된 내집단의 정의가 자리를 잡자, 보수주의자들은 내집단에 대한 더 작은 정의가 아니라 오히려 자유주의자들이 확립시킨 그 정의를 옹호하기 시작했다.

마찬가지로, 1960년대 흑인의 기본권 보장 운동인 시민권 운동은 우리의 내집단이 피부색이 다른 다양한 인종으로 이루어졌다고 말하는 한 가지 방식이었다. 자유주의적인 모든 진보는 우리 사회가 보호하는 집단 내부에 들어갈 사람들의 목록을 늘려나간다.

이것이 의미하는 바는, 사회란 보수주의적인 충동과 자유주의적인 충동 사이에서 추는 느린 춤과 같지만, 그 중에서 자유주의의 역할이 더 중요하다는 것이다. 자유주의는 인간적 품격과 인간애를 가져다준다. 또한 우리 사회를 한갓 안정되고 비열한 수준에 머물게 하는 것이 아니라 인간으로서의 품격에 합당한 수준으로 끌어올린다.

그것이 의미하는 것은 또 자유주의적인 충동이 지도적 역할을 하도록 하기 위해서는 자유주의자들이 우리의 세력 권세적인 본능의 도덕적 중심과 계속해서 접촉을 유지해야만 한다는 것이다. 근본주의적 반란이 일어난다는 것은, 자유주의자들이 균형 있는 적절한 비전을 제공하지 못했으며, 사람들이 안정감을 느끼고 다가서기에 충분한 비전을 발견하지 못했음을 알려주는 조기 경보이다.

모든 근본주의가 서로 비슷한 의제를 갖고 있음이 우연의 일치가 아닌 것처럼, 가장 성공한 자유주의적 진보들이 스스로 확장시킨 정의定義를 극히 보수주의적으로 보이는 것들로 둘둘 덮어 싸둔 자유주의자들에 의해 이루어지는 경향이 있음도 결코 우연의 일치가 아니다.

존 F. 케네디가 남긴 가장 유명한 한마디는 세계에서 가장 나쁜 파시즘의 무시무시한 명령처럼 들린다. "나라가 당신을 위해 무엇을 해줄 수 있는지 묻지 말라. 오히려 당신이 나라를 위해 무엇을 할 수 있는지 물어라." 이 말이 히틀러, 호메이니, 탈레반, 또는 팻 로버트슨과 제리 폴웰의 입에서 나온다고 상상해 보라! 그것은 보수주의적인, 아니 파시즘적인 슬로건일 수도 있다. 그러나 케네디는 우리 사회에 중요한 자유주의적 변화를 가져오기 위해 그 말을 했다. 그 우산 아래서 그는 평화봉사단Peace Corps(미국 정부가 개발도상국에 파견한 청년 봉사 단체로서 1961년 발족되었다—옮긴이)과 비스타Vista(미국 내 빈곤 지역 봉사 활동 단체—옮긴이)를 창설하여, 많은 젊은이들이 전에는 자기들의 내집단에 속하지 않는다고 여겼던 사람들에게 손을 내밀도록 만들었다. 자유주의적인 목적이 보수주의적 수단처럼 보이는 일을 통해 성취된 것이다.

이와 비슷하게, 루터 킹 목사도 보수주의적 시각의 수사학을 사용했는데, 이는 우리의 내집단 구성원을 자유주의적으로 재정의하여 확대시킨 것이었다. 그는 모든 미국인을 하느님의 자녀라고 정의했는데, 킹 목사의 이 말은 바야흐로 모든 학교에 성경을, 모든 주 의회에 교리 문답집을 가져다놓으려는 어느 미국인 탈레반의 전투적인 외침처럼 들릴 수도 있는 것이었다. 하지만 킹 목사가 이렇게 외친 것은, 모든 피부색의 미국인을 "하느님의 모든 자녀"라는 신성하고 보호받는 집단 속에 포함시키기—바로 40년 전 수많은 남부 사람들이 반대를 했던—위해서였다. 자유주의적인 목적에 보수주의적인 수단이었다.

자유주의적인 비전들이 성공을 거둔다면, 그것은 그 비전들이 한 발은 우리의 깊은 세력 권세적 충동의 도덕적 중심에 굳게 뿌리를 내리고 다른 한 발은 자유롭게 움직일 수 있도록 유지하면서 '우리의' 세력권에 속하는 사람들에 대한 정의를 확장시켜 왔기 때문이다.

자유주의적인 비전들이 실패한다면, 그것은 그 비전들이 우리의 보수주의적인 충동과 자유주의적인 필요 사이에서 바로 이와 같은 균형을 이루지 못했기 때문일 때가 많다.

지난 반세기 동안 수많은 자유주의적 비전들이 너무도 좁고 너무도 자기도취적이며 너무도 불균형적이었다. 이러한 불균형이야말로 지난 수십 년 동안 근본주의적 반란을 촉발시킨 핵심 요인이었다. 사회가 자유주의적 비전을 따르지 않는 때는 자유주의자들이 사회를 제대로 혹은 전혀 이끌지 못한 때이다.

베트남 전쟁 당시 자유주의자들은 그저 성조기를 불태우기만 했을 뿐 오히려 성조기를 흔들며 미국이 저 위대한 전통에 부끄럽지 않게 행동해야 한다고 목소리를 높이지는 못했다. 그때 그들은 우리 문화의 가장 강력한 상징을 잃었고, 우리의 국가 이익을 대변할 능력을 상실했다. 이로써 그들은 장차 근본주의적 반란의 씨앗이 자라날 불균형을 낳았다.

자유주의자들이 낙태를 도덕과는 무관한 한갓 개인의 권리 문제로—그것도 태아가 아니라 임신부만의 개인 권리 문제로—정의했을 때, 그들은 도덕적 불균형을 낳았고 장래의 근본주의적 반란의 씨앗을 심었다. 그와 함께 자유주의적 목사들을 포함한 수많은 자유주의자들의 지지도 조용히 사라지고 말았다.

자유주의자들이 개인의 권리를 지나치도록 강조하는 한편, 그러한 권리를 더 넓은 사회를 향한 개인의 책임과 균형을 맞출 필요가 있는데도 이를 소홀히 했을 때, 그들은 장래의 근본주의적 반란의 씨앗을 심은 것이다.

그 반란들은 우리를 증오하고 우리의 문화가 자신들 문화에 미치는 영향을 증오하는 일부 이슬람 사회에서 일어나고 있다. 그것들은 또한, 700 클럽에서의 저 놀라운 인터뷰 그리고 지난 20년 동안 로버트슨과 폴웰이 해온 말들이 보여주듯이, 우리 자신의 문화도 위협하고 있다.

그러나, 만일 내가 여기에서 주장하는 것이 옳다면, 그것은 그들의 잘못이 아니다. 근본주의자들은 지난 30~40년 동안의 편협하고 불균형한 자유주의적 가르침들로 말미암은, 사회적 안정성에 대한 위협에 완전히 본능적으로—자신들이 본능을 가지고 있다고 생각하든 안 하든 간에—반응하고 있다.

안정성과 인간적 품격, 인간애적인 내용과 지속적인 형식을 모두 유지하는 것, 그것은 우리 사회 내부에 있는 보수주의적 충동과 자유주의적 충동 사이의 영원한 춤과도 같다. 그러나 자유주의자들이 해야 할 일은 훨씬, 훨씬 더 어렵다.

근본주의자가 되기란 정말 쉽다. 현실 세계의 복잡한 요구들을 정당하게 다루기에는 턱없이 부족한 몇 가지 아주 간단한 가르침만 고수하면 된다. 그것이 전부이다. 그저 이것들만 고수하라. 그리고 그 다음에는 당신이 하는 일들이 정직하거나 고상한 것인 체하라.

그러나 한 사람의 자유주의자, 깨어 있고 의식 있고 응답하고 책임을 지는 그러한 자유주의자가 된다는 것은 생애를 온전히 필요로 하는 일이요 동시에 생애를 온전히 만드는 일일 수 있다.

5
자본주의의 어두운 신

2000년 10월 8일

경제학자가 아니라 신학자로서 자본주의와 경제학을 가지고 당신과 이야기를 나누고 싶다.

나는 경제학에 관해 별로 아는 것이 없다. 공인 회계사가 아닌지라 복잡한 재정 상황을 분석하는 것으로 이야기를 시작할 수도 없다. 그러나 나는 신학자이기 때문에 신들에 관해서는 조금 아는 것이 있다. 나는 신들이 어떻게 일을 하는지, 그들의 권능이 어느 정도인지, 그들이 평상시에는 얼마나 모습을 잘 드러내지 않는지 알고 있다. 그리고 열정적이고 헌신적인 거의 모든 인간의 노력 바로 아래에는, 신들이 통상 하는 일들을 하면서 영향력을 행사하는 하나의 신이 있으리라는 것을 알고 있다.

우리의 행동이 보여주듯이, 신들은 우리가 매우 진지하게 받아들이는, 우리에게 있어 가장 중요한 관심사이다. 우리는 신들에게 우리의 삶을 바치고 또 그 신들에 의해 이끌리며, 그 보답으로 신들은 우리가 원하는 것 혹은 원한다고 생각하는 것을 주겠다고 우리에게 약속한다. 신들이 우리에게 약속하는 것이 좋은 것인가 아니면 나쁜 것인가 하는 것이 우리와 관계를 맺은 신이 적합한 신인가 아니면 부적합한 신인가를 가름하는 척도이다.

그리스 인들은 우상을 따르려는 유혹과 그에 따른 결과를 훌륭하게 묘사해 놓고 있다. 호머의 서사시 《오디세이》에서 오디세우스가 집으로 돌아오는 장면을 보자. 메시나 해협으로 들어서기 직전, 그는 선원들을 유혹하여 죽음으로 내모는 사이렌Siren이라는 매혹적인 여신들과 그 유명한 조우를 하게 된다. 여신들의 달콤한 목소리는 사랑과 황홀함과 안락함, 그리고 너무도 훌륭해서 진짜가 아닌 것 같은 온갖 놀랄 만한 것들로 가득한 삶을 약속했다. 그러나 당신이 만약 여신들이 있는 섬의 해변을 바라본다면, 당신 눈에는 그들을 따라간 멍청이들의 허연 뼈밖에는 보이지 않을 것이다. 그 약속은 진짜이기에는 너무도 훌륭했다.

당신은 어쩌면, 오디세우스가 유혹을 경험하고 또 느끼길 원했다고 기억할지도 모른다. 하지만 그는 어떤 인간도 사이렌 앞에서 오랫동안 저항할 수 없다는 걸 알 만큼 지혜로운 사람이었다. 그래서 그는 자기가 무슨 말을 하더라도 풀어주지 말라고 부하들에게 신신당부한 뒤 자신을 기둥에 묶게 했다. 부하들은 자신들의 귀를 밀랍으로 틀어막고 사이렌들을 지나 배를 몰았다. 여신들의 유혹이 워낙 강했던지라 오디세우스는 자기를 풀어달라고, 그래서 여신들에게 배를 몰고 가게 해달라고 소리를 질렀다. 하지만 부하들은 그가 하는 말을 들을 수 없었다. 당신은 어쩌면 이렇게 말할지도 모른다. 그래서 오디세우스가 그 찰나의 갈망에도 불구하고 살아나 더 고귀한 명분들을 섬기지 않았느냐고.

신학자로서 나는, 우리가 삶 속에서 또 사회 속에서 섬기고 있는 신들을 아는 것, 그리고 그 신들이 정말로 우리 삶을 바칠 만한 가치가 있는지 아는 것보다 우리 자신에 관해 알 수 있는 더 중요한 것은 없다고 말하겠다. 지금과 같은 회의주의와 불신앙의 시대에 우리가 자신에 관해 가장 크게 오해하고 있는 것 중 하나는 우리가 어떤 신도 갖고 있지 않다, 우리가 종교적인 사람이 아니다, 라고 생각하는 것이다.

나는 신들과 우상들 사이의 이 전투에, 그리고 오늘날 우리 경제 속에서 이 전투가 어떻게 벌어지고 있는지에 관심이 있다. 사람과 이익 사이의 대비는 간단하지 않다. 그것의 뿌리는 200여 년 전, "우리 국민we the people"이라는 말을 매우 복잡한 의미로 사용했던 미국 건국의 아버지들(1787년의 미국 헌법 제정자들—옮긴이)에게까지 거슬러 올라간다. 그 중 많은 사람이 이 말을 매우 모욕적인 의미로 사용했다. 미국의 초대 재무장관 알렉산더 해밀턴Alexander Hamilton은 국민을 길들여져야 할 "커다란 야수great beast"라고 표현했다. 반항적이거나 독립심이 강한 농부들 같은 경우, 혁명적인 팸플릿에 나와 있는 이상들을 너무 진지하게 받아들이지 말라고, 때로는 강제로, 배워야 했다.

혹은, 연방 대법원의 초대 대법원장 존 제이John Jay가 말했듯이, "국가는 그 국가를 소유한 사람들이 통치해야 하는" 것이었다. 미국의 4대 대통령 제임스 매디슨James Madison은 정부의 주된 책임이 "부유한 소수를 다수로부터 보호하는 것"이라면서, "재산이 없거나 재산을 획득할 가망이 없는 사람들이 재산권에 충분히 공감하리라고는 기대할 수 없다"고 말했다.

이는 마치 오늘날의 냉소적인 자본주의처럼 들리지만 원래 그런 것은 아니었다. 애덤 스미스Adam Smith 등 고전적 자유주의 창시자들과 마찬가지로, 매디슨은 자본주의 이전의 사람이며 정신적으로는 반反자본주의자였다. 그러나 교육, 철학적 이해, 그리고 고상함은 돈과 관련되어 있었다. 그렇다고는 해도 나는, 가장 나쁜 축에 드는 사람의 상당수가 부자인 오늘날처럼, 그들이 돈과 인격 사이의 연관이 그렇게 강하다고 보았으리라고는 생각하지 않는다.

그럼에도 불구하고 매디슨은 이 "부유한 소수"에 속한 통치자들이 "계몽된 정치인" "자애로운 철학자"가 되기를 바랐다. 이런 사람들이야말로 그 "지혜로 조국의 진정한 이익이 무엇인지 가장 잘 분간할" 사람들이었다. 하지만, 애덤 스미스가 그보다 몇 년 앞서 예언한 대로, 그는 "부유한 소수"가 권력을 쓰기 시작하자 곧 달리 생각하게 되었다. 1792년에 이르러, 매디슨은 발전도상의 자본주의 국가가 "공적인 의무를 수행해야 할 자리에서 사적인 이익을 가져다줄 동기를 찾기 시작하고", 그래서 "다수의 자유는 (한갓) 외관상의 것일 뿐 실제로는 소수가 지배하는" 형국으로 나아가고 있다고 경고했다.

민주주의와 사익 추구 사이의 전투는 이 미국이라는 나라가 시작된 이래로 지금까지 끊임없이 계속되고 있다. 한 세기 전에도 미국의 철학자 존 듀이John Dewey는 제퍼슨이나 매디슨이 쓴 것과 똑같은 투의 글을 썼다. 그는 대기업이 "신문이나 홍보 담당자, 그 밖에 광고와 선전 등의 수단을 장악함으로써 더욱 강화시킨 생산·교환·광고·운송·통신 수단"에 대한 통제권을 통해 국가의 삶을 통째로 지배할 때, 민주주의의 알맹이는 대부분 사라지고 만다고 했는데, 그는 이 글을 라디오나 텔레비전 같은 매스 미디어가 나오기 전에 썼다. 그는 또 자유 민주주의 사회에서 노동자는 고용주가 빌려다 쓰는 도구가 아니라 "그들 자신의 산업적 운명을 스스로 결정하는 주인"이라고 썼다.

제임스 매디슨은 "대중적인 정보 또는 그것을 획득할 수단을 갖고 있지 않은 민주 정치는 광대극이나 비극 또는 이 둘 모두의 서곡에 불과하다"라고 썼는데, 이 글을 보면 그가 존 듀이와 얼마나 많이 닮았는지 약간 섬뜩하기까지 하다.

우리 사회에는 이 두 개의 강력한, 그러나 정반대의 생각이 존재하며, 이 둘 모두의 뿌리는 미국이라는 국가 수립기까지 거슬러 올라간다. 이 두 가지 사고의 중심은 각자 우리, 우리의 희망과 가능성, 그리고 우리 사회를 규정하는 신들—또는 우상들—이 되기 위해 지금도 전투를 벌이고 있다. 국민이 국가를 통치할 것인가, 아니면 대기업이 국가와 국민을 통치할 것인가?

우리는 지금 저울의 눈금이 자본주의 쪽으로 심하게 기울어져 민주주의에서 멀리 떨어져 있는 시대에 살고 있다.

어떻게 이런 일이 벌어졌을까? 여기에서 분명한 범인—혹은 당신의 관점에 따라서는 영웅일 수도 있는—한 사람은 위대한 경제학자 밀턴 프리드먼Milton Friedman이다. 그는《자본주의와 자유 *Capitalism and Freedom*》라는 영향력 있는 책에서, 이익 창출이 민주주의의 본질이며, 따라서 반反시장 정책을 추구하는 정부는 아무리 그 정책이 다수 유식한 대중으로부터 지지를 받는다 해도 반민주적이다, 라고 말한 사람이다. 이것은 민주주의에 대한 강력하고, 끔찍하고, 혁명적인 재정의이다.

그러나 일단 사람보다 이익을 우선시하게 되면, 우리 같은 대중을 조작하는 것이 끊임없는 책략의 일부가 된다. 분명 사람들은 더 적은 돈을 벌기 위해 더 많은 일을 하려 들지도 않으며, 자신들의 권력과 가능성, 심지어는 자신들의 현실적인 소망을 펼칠 기회 또한 잃고 싶어하지 않는다. 바로 그래서 우리를 속이는 기술 역시나 오랜 세월 동안 우리와 함께 있어왔던 것이다.

하지만 이것은 결코 비밀스런 기술이 아니다. 1920년대 이래 최근에 이르기까지 이 기술은 매우 공공연히 이야기되어 왔다. 대중기만술에 있어 가장 중요한 사람 중 하나는 미국 최초의 선전국, 곧 우드로 윌슨Woodrow Wilson 대통령의 공보위원회Committee on Public Information에서 일한 에드워드 버네이즈Edward Bernays이다. 버네이즈는 "삶의 모든 부문에 있는 지적 소수자들로 하여금 대중의 마음을 획일적으로 통제할 수 있는 가능성에 눈을 뜨게 한 것은 바로 제1차 세계대전 기간에 벌인 선전 활동의 놀라운 성공이었다"

라고 쓰고 있다.

누구보다도 크게 영향을 미친 이 미국인의 입에서 나온 말은 이것뿐이 아니다. "대중의 조직화된 습관과 의견을 의식적으로 그리고 지적으로 조작하는 것은 민주주의 사회의 중요한 요소이다." 이 본질적인 임무를 수행하기 위해 "지적인 소수들은 선전술을 계속적으로 또 체계적으로 사용하지 않으면 안 된다." 그것은 오직 그들만이 "대중의 정신 과정과 사회 패턴을 이해하고" "대중의 마음을 막후 조종할" 수 있기 때문이다. 버네이즈는 자신이 만들어낸 문구인 "동의 조작engineering consent"의 과정이야말로 "민주주의적 과정의 본질"이라고, 1949년 자신의 공로를 인정받아 미국 심리학회로부터 상을 받기 직전에 말했다.

역시 윌슨의 공보위원회에 소속된 멤버로 월터 리프만Walter Lippmann이라는 사람이 있다. 미국에서 최고의 영향력을 지닌 존경받는 언론인 중 하나로 명석하고 논리정연한 사람이었다. 리프만은 민주주의를 다룬 글에서 지적인 소수는 정책 수립과 "건전한 여론 형성"에 책임이 있는 "전문 계급"이라고 설명했다. 이 전문 계급은 "무식하고 참견하기 좋아하는 문외한들", 곧 일반 대중의 간섭에서 자유로워야 한다. 대중은 "자신들의 자리에 있어야" 한다. 대중이 하는 일은 참여자가 되는 것이 아니라 "행동의 구경꾼"이 되는 것이다. 물론 그들이 전문 계급 중에서 누군가를 뽑는 주기적인 투표권 행사는 논외다.

오늘날 1년에 약 3조 달러가 마케팅에 소비되고 있다. 이 막대한 돈의 대부분은 세금 감면 혜택을 받는다. 그래서 우리의 태도와 행동을 조작하는 데 드는 대부분의 비용을 우리가 지불하는 아이러니를 낳는다. 그러나 이것은 단지 미국에 국한된 것이 아니다. 모든 신들이 그렇듯이 자본주의도 질투하는 신이며, 따라서 아무런 국가적 경계도 없다. 결국 대부분의 신들, 우상들은 온 세상을 통치하고 싶어한다.

캐나다, 미국, 그리고 멕시코 사이의 북미자유무역협정NAFTA 입법안이 이에 반대하는 여론이 60퍼센트나 되었음에도 불구하고 의회에서 서둘러 통과되었을 때, 이를 반박하는 연구들은 은폐되거나 무시되었다. 예를 들어 의회의 조사 기관인 기술영향평가국은 NAFTA가 대다수 북미 사람들에게 해악을 끼칠 것이라는 내용의 보고서를 발표했었다.

NAFTA를 국제적 규모에서 가능하게 만든 것은, 노동자를 무력화하고 해고하여 소유주의 이익을 증대시키는 기업들의 능력이었다. 노동자는 소유주가 기업을 멕시코, 스페인, 버마, 베트남, 그 밖의 값싼 노동력과 강제 노동을 제공하는 시장들로 이전할 것을 두려워하지만, 실은 이것이 바로 기업이 하고 있는 일이다. 주식 시장이 호황이라는 것은 수만 명의 우리 이웃이 해고된다는 것, 그들에게 돌아갈 보험 서비스나 보험금이 줄어들거나 아예 없어진다는 것, 그리고 대개 비인간적인 조건 아래서 하루 1달러를 받고 일하는 외국의 노동자들에 의해 노동이 이루어진다는 것을 거의 언제나 의미한다는 사실에 우리는 무감각하게 되었다. 이것이 본래 의도한 대로 작동하는 자본주의의 모습이다.

NAFTA의 승인을 통과시키려는 과대 선전의 광풍이 지나고 NAFTA가 체결된 뒤, 미국 정부의 구제 금융으로부터 보호를 받는 큰 부자들 그리고 미국의 투자가들만 고통에서 벗어났을 뿐 멕시코의 경제는 붕괴되었다는 사실에 관해서 우리는 별로 듣지 못한다. 멕시코는 임금이 미국의 10분의 1밖에 안 되는 값싼 노동 시장으로 성공적으로 재편되고, 사람들은 더욱 가난해졌다. 그 반면 미국의 임금 노동자들은 직장을 잃었다. 생산직 노동자와 비정규직 노동자의 임금은 1960년대 수준으로 떨어졌다. 의회의 기술영향평가국은 NAFTA가 "미국을 더 오랫동안 저임금과 저생산성의 상황으로 몰아넣을 수 있다"고 예측했다. 그러나 이 보고서는 다른 수많은 보고서들과 마찬가지로 은폐되거나 무시되었다.

누가 이겼는지 물을 필요도 없다. 승자는 자본주의였다. 자본을 통제하는 사람들이 이겼다. 그 외에 승자는 없다.

텔레비전에 나오는 이른바 전문가란 사람들에 따르면, 우리 경제의 질은 주식 시장에 의해 결정된다고 한다. 하지만 우리가 지금 경제의 어떤 부분에 관해 이야기하고 있는지 다시 한 번 물어야 한다. 1997년에는 가장 부유한 1퍼센트의 가구가 전체 주식의 절반을 소유하고, 90퍼센트 가까이를 가장 부유한 10퍼센트가 소유하고 있었다. 채권과 신탁까지 고려하면 이 수치는 더욱 악화된다. 오늘날 상류 계급의 번영은 거의 전적으로 기업 주식의 부풀려진 가격에 기초한다.

대학 학위를 받는 미국인의 수는 늘고 있지만, 일부 사람들은 이런 현상이 대학 학위를 더욱 무가치한 것으로 만드는 냉소적인 책략이라고 느낀다. 실제로 인력 시장이 커지는 쪽은 저급 기술과 저임금 부문으로 보이기 때문이다. 미국의 노동통계국에 따르면, 지금부터 1년 사이에 가장 빠르게 성장할 직종 30개 가운데 학사 학위를 요구하는 직종은 단 7개뿐이다. 그 중 절반 이상이 연봉 1만 8천 달러에도 못 미친다. 더욱이 오늘날 찬미되는 경제 속에서 25퍼센트의 직업이 빈곤 임금을 지불하는데, 이 빈곤 임금을 받는 사람이 무려 3,200만 명에 이른다. 오늘날 우리가 지불하는 식재료 값에서 농부들이 가져가는 것은 1달러당 20센트로 10년 전보다 5센트가 줄었다. 이는 불과 10년 사이에 소득이 20퍼센트 감소했음을 나타낸다.

이익과 사람 중 어느 쪽의 권리를 우선할 것인가 하는 지금의 이 전투를 되짚어 생각해 본다면, 최소한 이론적으로는, 기업 쪽의 권리—기업들이 사회 일반의 이익을 섬기고 있다고 대중이 믿는 한에서만 기존 특권을 가질 뿐 결코 가져서는 안 되는—가 국민, 심지어 국가의 권리를 사실상 능가할 수 있는 극단적인 세상을 상상할 수 있을 것이다.

만일 어떤 국가가 기업의 이익을 해치는 조치를 취하면, 기업이 그 국가를 고발할 수 있는 세상을 상상해 보라. 다른 말로 하면, 한 국가가 가솔린 첨가제가 환경에 해롭다고 판단하여 가솔린에 첨가제를 넣지 못하도록 했을 때, 기업이 수익 상실을 이유로 그 국가를 고발하는 것을 상상해 보라. 혹은 한 기업이 다른 나라에 들어가서 지역의 회사들을 몰아내고 불법으로 독점을 행사하려고 권력을 사용하는 경우를 상상해 보라. 이때 지역 주민들이 들고일어나서 그 기업을 법정에 제소하고, 법정에서는 그 기업에 불리한 판결을 내렸다고, 심지어 불법적인 기업 관행을 문제삼아 그 기업에 벌금을 물렸다고 하자. 이런 일은 일어날 수도 있다. 그러나 이 참으로 기괴한 세상에서 기업이 수익 상실을 이유로 국가 전체를 고발하는 일이 있을 수 있다고 상상해 보라. 그리고 우리는 이미 제정신이 아닌 상태로 바뀌었으므로, 기업이 자신이 고발한 국가의 모든 법정을 무시할 수 있으며, 재정 고문 세 명을 한 팀으로 내세워 한 나라를 상대로 수백만 달러의 소송을 걸고 그 재판에서 이길 수 있다고 상상해 보라.

이런 일 중 어느 것도 상상할 필요가 없다. 오늘날 기업에 호의적인 NAFTA 제11장을 통해 실제로 이런 일이 벌어지고 있다.

한 예로, 미시시피 주의 해안 도시 빌럭시에서 장례식장을 운영하는 사람이 캐나다의 거대 장례 기업 로웬Loewen 그룹을 상대로 재판을 벌인 적이 있다. 그 사람은 불법적인 관행을 동원해 그 지역 장례식장들을 몰아내려 한 로웬 그룹을 제소했고, 배심원단은 로웬 측에 2억 6천만 달러를 배상하라고 판결을 내렸다. 배상금은 뒤에 4억 달러로까지 증액되었다. 그러자 로웬 측은 NAFTA 제11장을 들먹이며 자기네 투자가들의 권리가 해를 입었다면서 '기업 법정'으로 사건을 끌고 갔다. NAFTA 제11장에 따르면 이런 경우 기업은 미국 정부로부터 손실금을 보전받을 수 있었다. 로웬은 현재 미국 정부로부터 7억 5천만 달러를 받아내려 하고 있고, 소송은 보류된 상태로 있다.

또 다른 경우가 있다. 버지니아 주에 본사를 둔 에틸 코퍼레이션 Ethyl Corporation은 자사 제품인 유연有鉛 가솔린을 금지하면서 이 제품이 유독성 첨가물이라는 꼬리표를 붙였다는 이유로 캐나다 정부를 상대로 2억 5,100만 달러의 손해 배상금을 지급하라는 소송을 제기했다.(실제로 미국의 환경보호국에서도 그것과 똑같은 유독성 첨가물을 금지시키는 일을 하고 있다.) 무역 중재인들로 구성된 소위원회가 정부 관리들과 만났고, 정부가 그 회사에 1,300만 달러를 지불하고 그들이 생산한 가솔린 첨가제가 위험하다고 한 데 사과하기로 동의함으로써 사태는 해결되었다. 이렇게 함으로써 그들은 기업이 수익 상실을 이유로 정부를 제소할 수 있다는 선례와 함께, 어지간한 기업이 이득을 보는 경우에는 어떤 국가를 막론하고 그들 나라에서 쓰고 먹는 연료나 식품에 첨가하는 (그들 기업에서 생산한) 유독성 화학

물질로부터 자국의 국민이나 환경을 보호할 권리를 인정받지 못할 수 있다는 선례를 만들었다.

2세기 전에 토머스 제퍼슨이 보여준 선견지명을 기억하는지? 그는 이렇게 말했다. "이기적인 상업 정신은 나라도 모르고 열정도 원칙도 느끼지 못한다. 오직 이익을 추구하는 열정이나 원칙을 빼고는." 자본주의 정신은 사이렌들의 정신과 많이 닮아 있다. 그들은 자신들이 줄 수 없는 것을 주겠다고 매우 유혹적인 목소리로 약속한다. 토머스 제퍼슨을 비롯한 미국 건국의 아버지들이 우려했던 일이 벌어지고 있다. 권력이 국민으로부터 기업으로 옮겨갔고, 이익이 국민을 짓밟고 다국적 기업들이 국가들을 짓밟도록 허용하는 법률이 제정되고 또 시행되고 있다. 대중 매체와 두 주요 정당의 정치인들이 미국 경제를 '건전한strong' 경제로 정의할 수 있는 것은 바로 이런 논리 아래서이다. 그러나 실제로 대다수 미국인의 실질 임금은 30년 전보다 낮고, 개인 파산율은 해마다 신기록을 세우고 있다. 미국은 선진국 중 아동 빈곤율이 가장 높고, 5세 미만의 유아 사망률도 산업 국가 중에서 가장 높다. 또 20대의 미국인은 자신들의 부모 세대보다 경제적으로 더 나을 것을 기대할 수 없는 최초의 세대이기도 하다. 이런 것이 '건전한' 경제라면, 우리는 이것이 과연 누구를 위한 것인지, 누구의 희생을 담보로 한 것인지 물을 필요가 있다.

이것은 민주주의에 대한, 반역까지는 아니더라도, 배반이 아닐

수 없다.

자본주의는 매우 잘 돌아가고 있다. 그것은, 자신이 하기로 되어 있는 대로, 다른 어떤 사람들의 요구보다도 바로 자본을 통제하는 사람들의 요구를 섬기고 있다. 우리의 경제는, 그것을 격찬하는 이야기들에도 불구하고, 잘 돌아가지 않고 있다. 그러나 우리의 문제는 주로 경제적인 것이 아니라 종교적인 것이다. 우리는 거짓 신들을 숭배하고 있다. 지난 세대 동안 미국 사회의 사회적·정치적 정책들은 자본주의의 지배적 관심사들로부터 점점 더 크게 영향을 받아왔다.

이 모든 것은 이전에 일어났다. 번쩍이는 황금의 유혹을 너무도 자주 받아온 우리는 이제 그것을 하나의 신으로 만들기 직전에 있다. 여기에 새로운 것은 전혀 없다. 일단 돈이 신으로 바뀌면, 모든 신들이 그랬듯이, 그것은 질투하는 신으로서 자기 앞에 다른 어떤 생각도 가져오지 못하도록 할 것이다. 그렇게 해서 우리는 은銀을 위해 정의를 팔고, 나이키 테니스화 한 켤레를 위해 베트남 소녀들을 판다.

지금까지 그래왔듯이, 우리가 자본주의를 찬미할 때, 중세 시대 이래 줄곧 있어온 부자와 빈자 사이의 불균형을 최대화하기 위해 세금 구조를 바꾸고 소득 분배를 변화시킬 때, 나는 우리의 문제가 돈과 관련된 것이 아니라는 걸 볼 수 있고 또 느낄 수 있다. 그것은 신학적인 문제이다. 우리는 다시 한 번 우상들을 숭배하고 있다. 만일 우리가 이 우상 숭배를 멈추지 않는다면, 늘 그래왔듯이 그것으로부터 그 밖의 모든 비극적인 결과들이 불가피하게 뒤따를 것이다.*

* 이 설교를 위해 읽은 자료들. Noam Chomsky, *Profits over People*; Jim Hightowers, *If the Gods Had Meant for Us to Vote, They Would Have Given Us Candidates*; Arianna Huffington, *How to Overthrow the Government*; Robert McChesney, *Rich Media, Poor Democracy*; Michael Janeway, *Republic of Denial*; Neil Postman, *How to Watch TV News* 및 *Amusing Ourselves to Death.*

6

기업이 당신의 영혼을 잡아먹을 것이다

2004년 4월 25일

개구리와 전갈 이야기를 들어본 적이 있는가? 전갈이 물살이 빠른 강을 건너고 싶어 개구리에게 자기를 등에 태워달라고 부탁했다. 개구리가 물었다. "네가 내 등에 올라타자마자 나를 찔러 죽이지 않으리라고 어떻게 보장하지?"

전갈이 대답했다. "흠, 내가 널 죽이면 강을 건널 수 없잖아."

"그러면 강을 다 건넌 뒤 네가 날 찔러 죽이지 않으리라는 건 어떻게 보장하는데?"

전갈이 말했다. "네가 나를 등에 태워준다면 그보다 고마운 일도 없을 텐데 내가 왜 너를 죽이고 싶겠어?"

이 말에 개구리는 안심했다. 그래서 개구리는 전갈을 등에 태우고 강을 건너기 시작했다. 사납게 흐르는 강을 3분의 2쯤 건넜을 때 개구리는 찌르는 듯한 통증을 느끼고 깜짝 놀라 고개를 쳐들었다. 그랬더니 전갈이 자기 등에서 침을 빼내는 것이 보였다. 이내 개구리는 감각이 마비되는 것을 느꼈다. 감각이 완전히 마비되기 전 개구리가 전갈에게 왜 그랬느냐고 물었다.

"그게 내 본성이야." 둘이 함께 강 속으로 가라앉으면서 전갈이 말했다. "그게 바로 내 본성이라고."

물론 이 이야기는 실제로는 전갈에 관한 것이 아니다. 그것은 전갈처럼 남을 파멸시키는 것이 곧 자신을 파멸시키는 일이 되더라도 자신의 본성상 기어코 남을 파멸시키고야 마는, 드물지만 위험한 부류의 사람들을 경고하는 이야기이다. 우리가 상상할 수 있는 가장 무서운 일 중 하나는, 우리를 찾아서 해코지하고 그로 인해 우리가 고통을 겪거나 죽게 될 때 아무런 감정도 느끼지 않는 기계 같은 존재이다. 예를 들어 영화 〈매트릭스〉에 나오는 인조 인간이나 〈반지의 제왕〉에 나오는 오크들과 사우론을 떠올려보라.

나는 이런 이야기에서 가장 유명한 것은 아직도 1818년 영국의 소설가 메리 셸리Mary Shelley가 쓴 《프랑켄슈타인》의 주인공 프랑켄슈타인 박사와 이 프랑켄슈타인 박사가 여분의 부품들을 가지고 만든 괴물의 이야기라고 생각한다. 거의 2세기 동안 프랑켄슈타인의 괴물은, 뭔가 비인간적인 것을 만들어내고 그것에 영혼이 없는 생명과 거대한 힘을 부여하는 것, 그런 뒤 살아생전 그 괴물이, 결국은 자신을 만든 프랑켄슈타인마저 죽였듯이, 우리를 공격하는 모습을 바라보는 것을 암시하는 하나의 상징이었다.

내가 청소년이던 시절, 이런 유의 영화 중에서 가장 강력한 것은 〈신체 강탈자들의 침입Invasion of the Body Snatchers〉이라는, 1956년에 나온 오리지널 판이었다.(이 영화는 1978년 다른 감독에 의해 같은 제목으로 리메이크된 바 있다.—옮긴이) 나에게 그 영화는 온전한real 사람과 병적인pathological 사람 사이의 차이를 다룬 영화로 보였다. 아마 당신도 그 이야기를 알 것이다. 지성이 없는 한 생명체가 외계의 황량하고 메마른 혹성에서 나와 표류하다가 지구 위에 내려앉았다. 그것은 단순한 프로그램으로 움직이는 생명체였다. 사람이 이 이상한 물체의 꼬투리 가까이에서 잠들면, 이 꼬투리에서 잠자는 사람과 똑같은 사람을 복제해 냈다. 몸만이 아니라 기억까지도 똑같은 복제 인간이었다. 이 이상한 생명체는 잠자던 사람한테서 생명을 뽑아내 복제된 인간 속에 주입하였다. 당신은 둘 사이의 차이를 거의 구별하지 못할 것이다. 이 복제 인간들은 실제 인간과 똑같은 모습과 똑같은 기억을 갖고 있었지만 영혼이 없었다. 그들에게는 누군가에 대한 감정도 연민도 전혀 없었다. 겨우 6미터 정도밖에 떨어지지 않은 도로에서 개가 차에 치여 비명을 지르고 죽어도 그들은 눈 한 번 꿈적하지 않았다. 생명은 그들에게 아무 의미도 없었다. 오로지 자신들과 똑같은 부류를 증식시키는 것 이외에는 아무런 목적이 없었다. 전갈처럼 그들은 모든 것을 죽였다. 이 영혼이 없는 생명은 우주의 바람이 적절히 불어오면 다시 은하계를 가로질러 또 다른 혹성으로 옮겨가 그곳의 생명을 빨아먹을 것이다.

만약 이런 식으로 행동하는 사람이 있다면, 우리는 그 사람한테 뭔가 근본적인 문제가 있다고 생각한다. 신학자들은 그런 사람을 악이라고 부르고, 작가들은 괴물 혹은 신체 강탈자라고 부르며, 심리학자들은 정신병자psychopath라고 부른다. 프시케psyche란 '영혼soul'을 의미하므로, 정신병자라는 말은 사실 영혼이 병든 사람을 말한다. 여기, 내가 최근 우연히 발견한 정신병적 특성들의 목록이 있다. "무책임, 과장, 자기도취, 감정이입의 결여, 파괴적인 행동들에 대한 책임을 받아들이지 않음, 죄책감을 느낄 수 없음, 온통 권력에만 정신이 팔리고 깊이가 없음, 온통 조작뿐이며 서로 연관이 없음."

오늘날 이것은 무엇과 관련되는가? 왜 나는 온전한 사람이 아니라, 정신병자나 전갈처럼 그 본성이 파괴적인—그것이 심지어 자기 자신을 파괴하는 것일지라도—사람에 대해 말하고 있는가?

그것은 지금껏 미국 사회를 주도해 왔고 이제 바야흐로 온 세계를 주도하려고 하는 권력에 대한 이야기를 하고 싶어서이다. 그러나 내가 이야기하려는 것은 우리가 만들어낸 어떤 것이다. 다시 말해 나는 사람 같지 않은 어떤 사람, 막강한 힘을 가졌고 하느님보다 더 많은 돈을 가진 사람, 그리고 신체 강탈자들처럼 사회와 온전한 사람 모두의 자애로운 특성을 파괴시키려 들고 또 파괴시키는 데 성공하고 있는 사람에 관해 말하려는 것이다.

사람 같지 않은 이 위험한 사람이 바로 기업이라고 내가 말한다면, 당신은 내가 나쁜 쪽으로 과장해서 말한다고 생각할 것이다. 그렇다면 내가 당신을 설득할 기회를 달라.

《기업: 이익과 권력의 병적 추구*The Corporation: The Pathological Pursuit of Profit and Power*》에서 저자인 조엘 바칸Joel Bakan은 17세기 후반에서 18세기 전반 사이에 한 개인이나 회사가 가질 수 있는 것보다 더 많은 권력을 가지려는 다수의 사람들이 공동 출자로 만든 대기업들의 본질과 특성, 그리고 위험성에 대해 이야기한다. 이에 따르면, 기업이 행한 일체의 비열한 행동들에 대해 투자가들은 아무런 실제적인 책임을 지지 않는다는 내용의 법률이 아주 일찍이 통과되었다. 이것은 기업에 제한된 책임을, 하지만 돈을 버는 데 있어서는 무제한의 능력을 가져다주었다.

그리고 구조와 법의 문제로서, 처음부터 기업의 유일한 목적은 주주들을 위해 가능한 한 많은 돈을 버는 것이었다.

19세기 후반에 이르러, 주 입법부들은 기업을 인격체 곧 법인으로 변화시켰고, 기업을 그런 식으로 언급하기까지 했다. 그리고 1866년, 새로 만들어진 이 '인격체'를 대변하는 변호사들이 법인으로서의 기업은 헌법 수정조항 제14조에 의해 보장되는 "적합한 법 절차"와 "법률의 평등한 보호" 아래 있다는 판결을 대법원에서 얻어냈다. 이 수정조항 제14조는 남북전쟁 이후 자유의 몸이 된 노예들을 보호하기 위해 만들어진 것이었다. 그러나 1866년 이래로 이 조항이 해방된 노예들에게 적용된 적은 거의 없었다. 그것은 거의 전적으로 기업들에 적용되었다. 심지어는 기업들이 제3세계 전역의 노동자를, 그리고 일부 사람들의 주장처럼 미국 내의 노동자를 노예로 만들 때에도 이 조항이 적용되었다. 장담컨대, 이 사실을 알고 있는 사람은 별로 없을 것이다. 나 역시 몇 년 전까지 이런 사실을 몰랐다. 우리가 몰랐다는 것이 이상하지 않은가?

인격체로 명명된 이후 기업이 악으로 비쳐진 적은 없다. 기업은 평소와 똑같이 사업을 하고 있을 뿐이다. 사업은 그들의 본질일 뿐이다.

기업의 목적은 무엇인가? 만일 한 기업이 주식을 판다면, 미국의 법률 아래서 그것의 유일한 법률상 목적은 자신의 주주들을 위해 최대한 많은 돈을 버는 것이다. 더 많은 사람들이 그 기업의 제품을 사고 그래서 주주들의 이익이 느는 한에서만, 기업은 사회라든지 환경에 짐짓 관심이 있는 척 그쪽에 돈을 쓸 것이다. 그러나 기업의 이익 증대로 이어지지 않는다면, 기업은 사회의 선善을 위해 합법적으로 돈을 쓰지 않을 것이다.

밀턴 프리드먼은 돈을 버는 것이 기업의 유일한 도덕적 목적이라고 말한다. 그는 외견상 사회적 양심을 지닌 것처럼 보이는 작은 행동들을 자동차 판촉을 위해 예쁜 여자들을 내세우는 자동차 제조업자들에 비유한다. "그것은 진짜로 소녀들에 관한 것이 아니다. 단지 자동차를 팔기 위한 속임수에 불과하다"라고 그는 지적한다. 이와 비슷하게, 기업은 특별 올림픽(1968년부터 4년에 한 번 개최되는 정신박약자들의 국제 스포츠 대회—옮긴이)이나 공공 프로젝트에 기부할 수 있지만, 그것은 어디까지나 자기네 제품을 더 많이 파는 데 도움이 되는 한에서만 그럴 뿐이다. 기업은 사회적 선을 사회적 선 그 자체로서 행할 수 없다.

기업성企業性에 관해 가르쳐온 정신적 스승으로서 아마도 생존하는 사람 중 가장 나이가 많을 피터 드러커Peter Drucker는 이렇게 말한다. "사회적 선을 행하고 싶어하는 최고 경영 책임자가 있다면 맨 먼저 그를 해고시켜라." 그런데 바로 이런 관점을 지지하는 법률들이 있다. 90년 전 헨리 포드Henry Ford가 모델 T 포드 자동차를 팔아 놀라운 부를 축적했을 때, 그는 자신이 돈을 너무 많이 벌고 있다는 생각이 들었다. 그래서 조엘 바칸이 자기 책에 쓴 것처럼, 1916년에 포드는 "불결하게 돈을 버는 것이 잘못이라고 느끼고, 주식 배당을 취소해 소비자들에게 가격 할인을 해주었다." 그러자 곧 그의 주요 투자가 중 두 사람인 도지Dodge 형제가 이익은 회사가 아니라 주주에게 속한 것이라고 주장하면서 포드를 법정에 세웠다. 법정은 도지 형제의 손을 들어주었고, 이는 지금까지도 유효한 판례로 남아 있다. 주주들을 위한 이익을 극대화하는 것, 이것이 설령 사람들에게 해를 입힐지라도, 기업은 오로지 이에 필요한 것이면 무슨 일이든 하기 위해서 인격체로서 존재하는 것이다. 그렇다! 그러고 나서 도지 형제는 자신들의 자동차 회사를 세웠다.

1933년 대법원 판결에서 대법원 판사 루이스 브랜다이스Louis Brandeis는 기업에 대해 악을 행할 수 있는 "프랑켄슈타인의 괴물"이라고 지칭, 마침내 기업이 어디에 그 연줄을 대고 있는지 분명히 하였다.

조엘 바칸은 1994년에 나온 유명한 판례 하나를 더 인용한다. 1993년 크리스마스에 네 자녀와 함께 자동차를 타고 가던 한 여성이 정지 신호를 받고 멈춰 있다가 다른 차에 뒤를 받히면서 자신의 1979년산 시보레 말리부의 가스 탱크가 폭발, 다섯 명 모두 화상을 입고 외모가 크게 손상되는 일이 발생했는데, 이 일로 시보레 말리부를 생산한 제너럴 모터스 사가 고소를 당했다. 재판이 벌어지는 동안, 충격으로 가스 탱크가 폭발하면 자동차에 타고 있는 사람들이 죽을 수 있으므로 가스 탱크를 자동차 뒤쪽으로 멀리 떨어뜨려 설치해야 한다는 사실을 경영자 측이 이미 알고 있었음을 보여주는 제너럴 모터스 사 내부 분석가의 보고서 한 장이 제시되었다. 사실 새로운 말리부 스타일의 자동차들이 설계되고 위의 보고서가 작성되던 1973년 당시 1년에 약 500명이 이런 식으로 사망하고 있었다. 이 보고서에서는 제너럴 모터스 사가 각각의 사망 사고마다 법률상의 손해배상금으로 20만 달러를 지불하게 될 것이며, 그 숫자를 도로 위에 있는 제너럴 모터스 사의 자동차 수인 4,100만으로 나누면 제너럴 모터스 사가 감당해야 하는 금전 비용은 자동차 한 대당 2.4달러에 불과하다는 결론을 내리고 있다. 자동차 충돌시에 연료 탱크가 폭발하지 않도록 하는 데 드는 비용은 자동차 한 대당 8.59달러로 추산되었다. 이것은 무엇을 의미하는가? 그것은 연료 탱크 폭발로 인한 화재를 피하도록 자동차의 디자인을 변경하는 것보다는 사람을 죽게 내버려둘 때 자동차 한 대당 6.19달러를 절약할 수 있다는 것이다.

배심원단은 막대한 금액의 손해배상금을 지불하라고 결론을 내렸지만, 나중에 이 액수의 4분의 3이 삭감되었고, 제너럴 모터스 사는 상소를 했다. 미국 상공회의소는 제너럴 모터스 사를 편들어 위와 같은 "기업의 결정에 있어서 비용 대 편익의 비율에 대한 분석"을 사용하는 관례를 옹호하는 내용의 사건 적요서를 제출했다. 배심원단은, 제조업자의 입장에서는 이익이 가장 크게 나는 쪽으로 결정을 내리기 위해 비용 대 편익 비를 분석하지 않을 수 없으므로 판결을 내리기가 몹시 힘들었다고 말했다. 기업의 체질, 즉 기업의 본성은 경영진으로 하여금 자신의 주주들을 위해 비용보다 더 큰 이익을 낼 수 있는 결정만 내리도록 요구한다. 경영진에는, 자신들의 결정이 기업에 부정적인 결과를 가져다준다면 몰라도 그러지 않는 한, 그 결정으로 인해 다른 사람들이나 환경에 어떤 해로운 영향을 미칠지 고려할 권한이 없다.

여기에서 무슨 일이 벌어졌는지 알겠는가? 우리가 우리의 법률을 가지고 만든 이 '인격체'는 자신의 법적 본성을 따른다. 그래서 이익을 추구함에 있어 사람들을 위태롭게 하고 죽일 수 있고 실제로 그렇게 한다.

이제, 사회의 매우 다른 영역을 한번 살펴보자. 그 영역은 기업들하고는 아무 관련이 없을 거라고 생각할 수도 있는 영역이다. 그것은 바로 군대이다. 군대가 실제로 무엇을 섬기고 있으며, 군인들이 실제로 무엇을 위해 죽어가고 있는가? 조엘 바칸의 책은 내가 학교에서는 배운 적이 없는 미국 역사의 한 장을 이야기한다. 거기에 보면 제1차 세계대전 당시 가장 큰 훈장을 받은 군인 중 한 사람인 스메들리 버틀러라는 미 해병대 장군 이야기가 나온다. 1931년 8월

21일, 버틀러는 코네티컷 주 재향군인회 집회에서 다음과 같은 말로 청중을 깜짝 놀라게 했다.

> 나는 33년이라는 세월을…… 독점 자본을 위한, 곧 월스트리트와 은행가들을 위한 고급 폭력배로 살았다. 한마디로 나는 자본주의를 위한 공갈 협박자였다.…… 나는 1909년부터 1912년 사이 브라운 브라더즈Brown Brothers(보스톤 다운타운 금융가에 위치한 민간 은행—옮긴이)라는 국제 금융 회사를 도와 니카라과를 깨끗이 청소하는 일을 했다. 1916년에는 미국의 석유업자들을 위해 멕시코, 특히 멕시코의 항구 도시 탐피코를 일하기 좋은 곳으로 만드는 일을 거들었다. 나는 1916년 미국의 설탕업자들을 위해 도미니카공화국을 무력으로 점령했다. 내셔널 시티뱅크 녀석들이 수익을 낼 수 있도록 아이티와 쿠바를 그럴싸하게 만드는 일도 도왔다. 나는 또 월스트리트가 중미의 여섯 개 공화국을 약탈해 이익을 내는 일도 도왔다.……
>
> 1927년 중국에서는 스탠더드 오일Standard Oil 사가 아무런 방해 없이 사업 진출을 꾀할 수 있도록 도왔다.…… 나는…… 정말 멋진 라켓(자신의 휘하에 있는 해병대를 말함—옮긴이)을 갖고 있었다. 그 보상으로 나는 명예를 얻고 메달을 받았으며 승진도 거듭했다. 나는 마피아의 두목 알 카포네에게 한수 가르쳐주었을지도 모른다. 알 카포네가 기껏 할 수 있는 것은 도시 세 곳에서 라켓을 휘두르는 것이었다. 그러나 해병대는 세 군데 대륙에서 군사 행동을 했다.

이 연설에서 버틀러는 대기업들의 탐욕을 위해 군대가 수행한 역할에 혐오감을 보였는데, 이 연설이 있은 지 3년 후에 참으로 놀라운 일이 벌어졌다. 당시 대통령이던 프랭클린 루스벨트는 가장 부유하다는 기업과 개인들이 보여주는 파괴적인 탐욕을 멈추게 할 목적으로 정부 규제들을 막 도입하던 참이었다. 대기업들은 그를 미워했다. 1934년 8월 22일, 일단의 부유한 기업인들을 위해 일하는 심부름꾼 한 사람이 필라델피아의 한 호텔에서 버틀러 장군에게 접근했다. 그가 지폐로 1천 달러가 든 커다란 여행 가방을 열어 침대 위에 내려놓더니 말했다. "이것은 착수금에 지나지 않습니다." 기업가들은 버틀러 장군에게 대기업 쪽에서 자금 지원을 해줄 테니 의용군을 모아 백악관을 접수하고 스스로 미국의 파시스트 독재자가 되어달라고 요청했다. 일부 관찰자들은, 만일 그들이 다른 장군을 지목해서 일을 요청했다면 아마도 충분히 성사시켰을 것이라고 믿는다. 버틀러는 이를 거부하고 사실을 폭로했다.

1934년 기업가들은 자기들이 정부를 인수하고 민주주의를 해체하기 위해, 그리고 미국의 최고 부자 기업과 개인 들의 의지를 구현하는—그래서 그들을 제외한 사람들은 파멸에 이르게 되는—일종의 파시스트 정부를 세우기 위해 군사력을 사용해야 한다고 믿었다. 이것은 바로 우리가 알 수 있는 것보다 성공 가능성에 훨씬 더 가까이 다가서 있는 신체 강탈자의 침입이었다.

조엘 바칸은 이렇게 쓴다. "군사 쿠데타가 실패하고 70년이 지난 뒤인 오늘날, 잘 조직된 소수들이 다시 한 번 민주주의를 위협한다. 정부 장악을 위해 미국 기업들이 지난 수십 년 동안 벌여온 길고도 끈질긴 활동—음모자들의 서투른 시도들에 비해 훨씬 은밀하고 그래서 결과적으로도 훨씬 효과가 큰—이 이제 성공을 거두고 있다. 이들은 피를 흘리는 일도 하지 않고, 군대를 동원하지도 않으며, 파시스트 독재자들을 끌어들이지도 않는다. 이들이 사용하는 것은 총알이 아니라 달러이다. 이제 기업들은 음모자들이 그리도 필사적으로 원했던 것, 바로 민주적인 통제로부터 자유를 얻게 되었다."

게다가 이들의 힘은 이제 전 세계에 미친다. 빌 클린턴 대통령이 1993년에 창설한 세계무역기구는, 위험 방지 법규나 환경 관련 법규를 제정해 기업의 이익을 축소시킨 미국 등 여러 나라를 상대로 이미 소송을 제기했거나 소송을 제기하겠다고 협박하고 있다. 2005년 이후, 그들은 자신들이 가진 힘을 온전히 행사할 수 있게 되는바, 이로써 그들은 정부가 환경이나 건강 관련 법규를 제정해 자신들의 이익을 부당하게 침해하는 일을 사전에 막을 수 있게 되었다.

클린턴의 또 다른 작품, 북미자유무역협정은 투자가들을 보호할 목적으로 만든 것으로서, 기업들이 값싼 노동력을 사용해 미국 내 임금 수준을 떨어뜨리고, 노동조합을 파괴하며, 부유한 기업과 개인에게 더 큰 부를 안겨주기 위해 전 세계 값싼 노동 시장으로 일자리를 '아웃소싱' 하여 미국인 노동자들로부터 수십만 개의 일자리를 도둑질할 수 있도록 도와주는 일을 한다.

희망이 있는가? 뭔가를 할 수 있는가? 그렇다! 그러나 우리가 이 프랑켄슈타인의 괴물을 만들어냈다는 사실, 우리가 그렇게 말했기 때문에 그것이 하나의 '인격'이 되었을 뿐이라는 사실, 그리고 우리가 우리의 견해를 바꿀 수 있고 법률을 바꿀 수 있으며 이 나라와 세계에서 기업에게 허락한 사업의 방식을 바꿀 수 있다는 사실을 기억할 때에만 그렇다.

뉴욕 주의 검찰총장 엘리엇 스피처Eliot Spitzer는 최근 이렇게 말했다. "만일 기업이 인간의 생명을 해치거나 위태롭게 한 죄로 거듭해서 유죄 판결을 받는다면, 그 기업을 사형死刑에 처해서 더 이상 존재하지 못하도록 만들어야 하며, 그 기업의 자산을 몰수하여 공개 매각해야 한다." 스피처는 반정부적인 사람이 아니다. 그는 정부를 위해 일하는 사람이다. 정부는 나쁘지 않다. 정부는 중립적이지만 강력한 수단이다. 그래서 우리는 이 정부라는 수단을 가지고 이 나라 미국을 바로잡을 수 있고, 세계가 용인할 수 있는 내용으로 기업의 역할을 재정의할 수 있다. 우리가 기업을 만들었고 정의했다. 따라서 우리한테는 기업을 재정의할 수 있는 권한, 또 우리 가운데 얼마 안 되는 자들의 오만한 탐욕보다는 우리 사회의 다수를 차지하는 사람들의 더 큰 이익을 섬기도록 조직될 때에만 기업이 사업을 할 수 있다고 주장할 수 있는 권한이 있다. 부유한 개인들에게 세율을 올릴 필요가 있듯이, 우리 경제의 지출 비용 중 상당한 몫을 지불하도록 기업에 높은 세금을 부과할 필요가 있다. 1960년만 해도 미국에서 가장 부유한 사람들에게 부과된 세금 비율이 91퍼센트에 이르렀으며, 기업도 상당한 세금을 냈다. 제2차 세계대전 이후 중산 계급에 힘이 실렸던 것은 이처럼 돈이 공평하게 분배되고 있었기 때문이다. 오늘날 우리는 부자를 위한 사회주의, 그리고 나머지 사람들을 위해서는 잔인한 자본주의를 갖고 있다. 우리는 이 비극을 멈출 수 있다.

그리고 지금 우리는 전쟁을, 버틀러 장군이라면 즉각 인식했을 전쟁을 다시금 벌이고 있다. 체니 부통령이 운영하다가 워싱턴으로 떠난 에너지 개발 회사 할리버튼Halliburton은 경쟁이나 입찰이 없는 수의 계약으로 수십억 달러를 벌었다. 대통령 선거 운동에 공을 세운 미국의 다른 대기업들도 수억 달러를 벌어들였다. 그들이 고용한 이라크의 민간인 트럭 운전사 중 일부는 주주들에게 돈을 벌어주기 위해 목숨을 걸고 일하는 대가로 1년에 8만 달러를 받고 있다. 반면에, 당신도 읽었을지 모르지만, 상당수 미군은 1년에 1만 6천 달러밖에 못 받는다. 보수가 워낙 낮은지라 이들에게는 봉급과 함께 저소득자용 식량 카드가 지급되며, 고향에 있는 그들 가족 대부분은 생활 보조비를 받고 있다. 그 군인들은 결코 민주주의나 자유 혹은 고귀한 무엇을 위해 싸우거나 죽는 것이 아니다. 버틀러 장군 휘하의 군인들이 80년 전에 그랬듯이, 그들은 할리버튼 같은 미국의 대기업과 부유한 개인들이 많은 돈을 벌도록 돕는 것만이 삶의 유일한 목적이 되어버린, 아주 하찮은 존재들로서 죽어가고 있다.

그들이 설령 죽는다 해도 그들은 얼마든지 싼값으로 대체될 수 있다. 비용 대 편익 분석이 거기에도 작동한다.

이것은 자신을 창조한 인간들로 하여금 자신을 섬기도록—그렇게 하다가 인간이 설령 거지가 되거나 송장이 될지라도—만드는 데 성공한, 프랑켄슈타인 괴물 이야기의 완벽한 역전극이다. 그것은 비미국적이고 불경스럽다. 비인간적이며 혐오감을 준다. 게다가 끝이 날 것 같지 않다. 오로지 미국 국민만이, 그들이 잠에서 깨어나 사실을 알고 분노하고 조직을 꾸려서 행동을 개시할 때에만 그것을 멈추게 할 수 있을 것 같다.

나는 이 설교에 맺음말을 쓸 수가 없다. 이 글의 맺음말은 실제 세계에서, 실제 시간 속에서, 실제 사람들에 의해 씌어져야 할 것이다. 그러나 거기에 속하지도 않고 우리의 최선의 이익을 염두에 두지도 않는 뭔가가 우리의 등에 올라타 있다. 만일 그것이 우리 등에 계속 올라타 있도록 놔둔다면, 그것이 우리의 영혼, 우리의 사회를 잡아먹고 말 것이다. 그것은 스스로도 멈출 수가 없다. 그것은 그의 본성일 뿐이다.

7

석유, 오만 그리고 전쟁

2002년 9월 29일

나는 다가오는 전쟁들이 어떤 의미를 지니는지 이해하고, 그것들을—비록 약간의 열도 만들어내겠지만—열보다는 빛을 더 많이 만들어내는 형태의 전쟁들로 바꾸기 위해 애쓰고 싶다. 나는 그 형태들, 또 계획들이 이제 더할 나위 없이 분명하다고 생각한다. 미국의 전 법무장관 램지 클라크Ramsey Clark가 유엔 사무총장에게 강한 어조로 써서 보낸 편지를 읽은 적이 있는데, 그는 이 편지에서 부시 대통령이 이라크를 공격해서 이라크 정부를 변화시키기로 마음을 먹고 대통령직에 올랐다고 썼다. 다른 사람들도 말했지만, 클라크도 부시 행정부가 문제를 우호적으로 원만하게 풀겠다는 생각보다는 나름의 계획에 따라 행동했다고 말한다.

우리는 아버지 부시 대통령 때부터 이 계획에 관해 여러 가지로 알고 있었다. 그 당시 그것은 '새로운 세계 질서New World Order'라고 불렀다. 스코틀랜드의 글래스고에서 발행되는《선데이 헤럴드》는 최근 이 계획의 군사적 차원을 정리한 중요한 글을 실었다. 이 글에는 그 세부 내용들이 자세히 나와 있는데 그것들까지 일일이 다 읽을 필요는 없겠다. 나는 부시 대통령 취임 전, 2000년 9월에 출판된《미국 방위의 재구축: 새로운 세기를 위한 전략, 군사력 그리고 자원, 새로운 미국 세기를 위한 프로젝트 보고서*Rebuilding America's Defense: Strategy, Forces and Resources for a New Century, a Report of the*

Project for the New American Century》(www.newamericancentury.org)라는 80쪽 짜리 논문을 읽었다. 여기에서 몇 군데 인용해 보겠다. "지금 세계에는 미국에 맞설 만한 경쟁 국가가 하나도 없다. 이와 같은 유리한 입지를 가능한 한 먼 미래까지 보존하고 확대해 나아가는 것이 미국의 웅대한 전략이 되어야 한다.…… 〔이를 위해〕 미국은 현재는 물론 미래에도 세계에서 가장 뛰어난 군사적 능력이 필요하다.…… 〔이 모든 것의 목표는〕 미국의 원리와 번영에 지극히 우호적인 세계 안보 질서…… 미국의 이익과 원리를 〔보호하고〕…… 미국의 이익과 이상에 이바지하는 국제 안보 환경을 유지해 나아가는 것이다."

우리는 '미국의 원리와 번영American principles and prosperity' 이라든지 '미국의 이익과 이상American interests and ideals' 같은 용어들을 잘 해석해서 읽을 필요가 있다. 왜냐하면 그것들은 표면의 뜻과는 다른 의미를 지니고 있기 때문이다. '미국의 원리' 는 각 나라들에서 민주적으로 선출된 정부를 가리키지 않는다. 미국은 이란의 국왕이나, 콩고공화국의 모부투 세세 세코, 칠레의 아우구스토 피노체트 등 미국의 경제적 야망과 결탁한 각 나라의 독재자들이 정권을 잡는 데 판박이라도 한 것처럼 도움을 주곤 했는데, 이들은 모두 민주적으로 선출된 정부의 수반을 대체한 인물들이다.

그 보고서의 저자는 말한다. "대체로 우리는 그 프로젝트를 부시 행정부의 쇠퇴기에 체니가 이끄는 국방부에서 윤곽을 그린 방어 전략의 구축으로 간주했다."

무엇보다도, 그 보고서는 군대가 "다수의 주요 전쟁 지역에서 동시에 전쟁을 수행하고 결정적으로 승리할" 능력이 있어야 한다, 또 미국은 "중립적인 자세를 취할 수 없으며, 미국의 힘의 우위가 대단히 크고 미국의 이해 관계가 세계 곳곳에 아주 넓게 걸쳐 있기 때문에 발칸 제국이라든지 페르시아 만, 심지어는 아프리카에 군사력을 배치할 때조차도 그에 따른 정치적 결과에 무관심한 체해서는 안 된다"고 제안하며, "마지막으로, 이 임무들은 기본적으로 전투에 투입할 수 있는 군사력을 요구하며…… 특히 미국 군대는 월등히 강한 군사력으로 여겨져야 한다"고 제안한다.

중동 지역과 관련해서는 "페르시아 만에 미군이 있어야 할 실질적인 필요성이 사담 후세인 체제를 유지하는 것보다 크다.…… 해외에 주둔하는 미군과 전 세계에 교대로 배치되는 미군은 새로운 미국 국경 위를 달리는 기병대다"라고 그 보고서는 적고 있다.

지상군에 덧붙여, 보고서는 우주와 사이버 공간 모두를 지배하고 통제할 필요성에 관해서도 꽤 길게 이야기한다. 미국에서건 해외에서건, 군사 정보의 대부분은 상업적인 우주 위성들로부터 받아들인다. 우리는 우리가 적으로 간주하는 사람은 누구라도 이 위성들에 접근하지 못하도록 막을 필요가 있다. 마찬가지로, 우리는 우리의 컴퓨터 시스템이 해킹당하거나 바이러스에 감염되지 않도록 보호하는 한편 적의 컴퓨터 시스템에는 침입해서 감염시키는 방법을 발전시킬 필요가 있다.

유일한 초강대국으로서 미국이 전 세계 경제를 장악하기에 충분한 군사력을 갖추려면 어떤 계획이 필요한가, 이것이 이 보고서가 다루는 내용이다. 하지만 이 보고서는 전쟁을 거의 비디오 게임처럼, 혹은 '착한 녀석' 은 아무도 죽지 않는 액션 영화처럼 언급한다. 이런 점 때문에 일부 비평가들은 이들을 가리켜 '겁쟁이 매파' 라고 부르기도 한다. 부시와 체니, 그리고 부시의 많은 참모들을 포함해 이 겁쟁이 매파는 정작 본인들은 징병을 기피했으면서도 전쟁이라는 관념은 열정적으로, 아니 거의 열광적으로 좋아한다. 나는 전쟁의 미래에 대해 말하면서 바로 이런 세계관을 예증해 주는 기다란 문구 하나를 이 보고서에서 발견했다.

> 변화의 과정이 전개되려면 수십 년이 걸릴지 몰라도 조만간 공중과 육상과 해상에서의 전쟁 기술은 오늘의 전쟁 기술과는 매우 다르게 될 것이다. '전투' 는 새로운 차원에서, 즉 우주와 '사이버 공간' 에서, 그리고 어쩌면 미생물의 세계에서도 벌어질 가능성이 있다. 공중전은 더 이상 전술 전투기를 몰고 적지로 날아가 적군 전투기들을 전멸시키는 파일럿들에 의해 이뤄지지 않는다. 그것은 주로 장거리를 은밀히 날아가는 무인無人 비행기에 의해 이뤄질 것이다. 거대한 연합 무장 병력의 육상 충돌은, 어떤 것은 군인들 호주머니 속에 들어갈 정도로 작은 로봇 편대까지 갖춘, 훨씬 더 가볍고 은밀하고 정보 집약적인

병력 간의 충돌로 대체될 것이다. 해상 통제는 지상 전투원과 항공모함으로 구성된 함대에 의해서가 아니라, 해군들을 수면 아래에서 이동하고 싸우도록 하는 지상 및 우주 기지 시스템을 통해 이뤄질 것이다. 국가들이 우주 개발 능력을 갖추기 시작하고 또 거기에 의존하게 됨에 따라 우주 자체가 전쟁의 무대가 될 것이다.…… 그리고 특정 유전자형만 '겨냥할' 수 있는 발전된 형태의 세균전이 공포의 영역에 있던 세균전을 정치적으로 쓸모 있는 도구로 탈바꿈시킬 수 있다.

미래의 군인들은, 동력으로 움직이고 온도 조절이 되며 감지 센서가 장착된 캡슐 형태의 전투복을 입고서 카멜레온 같은 '기민한' 위장술을 자랑하며 군사 행동을 취하게 될 것이다. '피부에 붙이는' 약으로 공포를 완화하고 집중력과 인내력을 키우며 힘을 북돋게 된다. 헬멧에 달린 영상 출현 장치는 모퉁이나 언덕 너머까지 전장의 전 시야를 한눈에 볼 수 있게 해주며, 나아가 입력 자료를 걸러내 과부하를 예방하면서도 전체 전투 정보와 첩보 시스템에 접근할 수 있도록 해준다.

이것은 변화의 과정에 내재해 있는 몇 가지 가능성을 힐끗 본 정도에 지나지 않는다.…… 그 변화 과정이 막대한 달러와 병력을 계속 쏟아 부을 만큼 가치를 지닌 영속적인 군사 임무로 다뤄지기 전까지는, 그것은 한갓 사산아死産兒로만 남아 있을 것이다.

그러면서 그 보고서는 이렇게 말한다. "그 변화는, 비록 그것이 혁명적인 변화를 가져온다 할지라도, 새로운 진주만 사건과 같은 뭔가 대이변의 촉매 작용을 하는 사건이 없는 한은 오랜 시간에 걸쳐 이뤄질 것이다."

이것이, 뭔가 대이변의 촉매 역할을 할 사건이 없는 한은 시간이 오래 걸리리라는 슬픈 곡조를 띤 그들 군사 계획의 골자이다. 이것이 누구에게 이익을 가져다주고 누구를 배제하는 것인지 이해하기 위해 그 경제 계획을 살펴보자.

대략 1980년 이래로 미국 경제는 돈과 권력과 가능성을 우리 시민의 하위 60~80퍼센트로부터 최상위 몇 퍼센트 안 되는 사람들에게 이동시켜 왔다. 케빈 파워즈Kevin Powers가 《부와 민주주의 *Wealth and Democracy*》라는 책에서 말했듯이, 1981년부터 1986년까지 미국의 최상위 부유층에게 부과된 소득세는 70퍼센트에서 28퍼센트로 줄었다. 20년 전에는 91퍼센트였다. 1980년대 10년 동안 최상위 1퍼센트가 미국 전체의 부에서 차지한 몫은 22퍼센트에서 39퍼센트로 거의 갑절이 되었는데, 아마도 이것은 미국 역사에서 가장 빠른 증가치였을 것이다. 기업에 부과되는 세금도 극적으로 감소했다. 오늘날 일부 대기업은 거의 세금을 내지 않는다.

이는 상류 계급과 하류 계급을 갈라놓으려는 경제 계획이 아니다. 그보다 훨씬 더 구체적이고 제한적인 계획이다. 최상위 1퍼센트를 그들보다 아래에 있는 사람 모두와 갈라놓으려는 계획이다.

지난 20년 동안 우리는 '트리클다운trickle-down 경제학' (정부 자금을 대기업에 유입시키면 중소 기업 · 가계 등으로 흘러 들어가 경기를 자극시킨다는 통화 침투 이론—옮긴이)에 대해 조금은 냉소적인 혹은 희화된 이야기를 들어왔다. 그러나 많은 사람이 주목했고 수천만의 사람이 경험했듯이, 트리클다운 방식으로 소비까지 적절히 이어진 것은 거의 없다. 서구 선진국 중 미국은 65세 이상 노인층의 빈곤율이 가장 높고, 아동 빈곤율도 가장 높은 수준이며, 최상위층과 최하위층 사이의 격차도 가장 크다. 거기에 고등학교 졸업률은 가장 낮고, 청년 살인율은 가장 높다.

그러나 미국의 경제적 불균형은 이라크의 상황과 비교하면 아무것도 아니다. 램지 클라크가 지적한 것처럼, 9 · 11 사태로 죽은 미국 시민 1명에 대해 500명꼴로 이라크 시민이 미국의 제재로 말미암아 목숨을 잃었다. 그런데 이것은 미국 기업들에 착취를 당하는 다른 가난한 경제들에 비할 바가 못 된다. 아시아의 젊은 여성 노동자들이 우리가 신는 테니스화를 만들고 1년에 받는 총임금은 약 500달러이다. 중국 지역 노동자들의 시간당 평균 임금이 39센트에 불과한데도, 미국에 본사를 둔 다국적 대형 할인 매장인 월마트는 그들의 임금을 시간당 겨우 13센트로 책정하는 근로 계약을 맺었다.

미국의 경제가 마지막으로 크게 흔들렸던 때는 1929년의 대공황으로 이어진 제1차 세계대전 이후 몇 년 동안이었다. 그리고 9 · 11 사태가 터지기 81년 전인 1920년 9월, 미국인 테러리스트들은 금융 자본가인 J.P. 모건Morgan의 사무실 바깥에서 다이너마이트를 폭파시켜 34명이 죽고 200명 이상이 부상을 입었다. 그것은 미국에 대한 선전포고가 아니라 경제적 학대의 상징에 대한 공격이었다.

그것은 또한 우리의 세계무역센터와 펜타곤 건물이 2001년 9월 11일에 공격을 받은 이유이기도 했다. 1920년의 테러가 '미국'에 대한 공격이 아니었듯이 이 역시 '미국'에 대한 공격이 아니었다.

여기에서 여론 조작의 대가들이 '미국'을 9 · 11 공격의 희생자로 동일시하는 사악한 말장난을 했다. 실제로, 희생자들은 공교롭게도 아주 상징적인 건물 안에서 일하던 3천 명에 가까운 죄 없는 시민들이었다. 미국이 하나의 나라로서 한 역할이란 오랫동안 경제적 · 군사적으로 오만하게 행동해 옴으로써 테러리스트들의 살인을 부추겼다는 것이다. 그것은 그 책임자들을 국제법에 따라 처벌해야 할 범죄 행위이다.

그러나 테러리스트들이 이해하지 못한 것은, 9 · 11 공격이 부시 행정부에게 세계의 시장과 자유를 군사적으로 공격해 접수하도록 밀어붙일 구실거리를 제공하는 이른바 '대이변의 촉매 작용을 하는 사건'이 되었다는 점이다. 9 · 11에 일어난 것은 새로운 세계 질서를 수립하는 데 필요한 급속한 사회 변화와 군사적 팽창을 허락하는 '진주만' 사건이었다.

하지만 진주만은 9 · 11과 그 이후 벌어진 일들에 딱 들어맞는 역사적 선례는 아니었다. 많은 사람들이 주목했듯이, 그 선례는 1933년 베를린의 국회의사당 화재였다. 나는 우리 대통령을 히틀러와 비교할 생각은 없으니 이해하시기 바란다. 그러나 다른 사람들이 그랬듯이, 나도 이 두 정부가 테러리스트의 공격을 자신들의 시민을 강압적으로 지배하는 수단으로 변화시키기 위해 어떤 술책을 썼는지 비교할 것이다.

1933년 1월 30일, 아돌프 히틀러는 자신이 속한 당이 국회의 다수당이 아니었음에도 불구하고 독일의 총리로 임명되었다. 그로부터 4주 뒤인 2월 27일, 베를린에서 정부 건물인 국회의사당이 불에 탔다. 히틀러는 즉각 그것이 공산주의자들이 독일을 공격한 것이라고 선언하고, 그날 밤 4천 명의 공산주의자를 체포했다. 다음날, 힌덴부르크 대통령과 히틀러는 국가 비상 사태라는 이름으로 사실상 모든 시민의 자유를 정지시켰다. 곧이어 추가 법령을 반포해 SA(Storm Troops)라는 돌격대와 SS(Special Security)라는 나치 친위대를 창설했다.

그 뒤 며칠 사이에 히틀러의 정적 4만여 명이 체포되었고, 이로써 독일에서는 민주주의가 종말을 맞고 파시즘이 출현하게 되었다. 그 다음에 일어난 일들은 역사에 기록된 대로이다.

1933년의 나치 정부와 2001년 9월 이후의 미국 정부가 맨 먼저 개인의 권리부터 제한하고 나섰음을 우연의 일치로 보아서는 안 된다. 새로운 세계 질서란 명령과 통제로 이루어지는 제국의 질서인데, 거기에서는 명령을 받아야 하는 사람들의 힘을 맨 먼저 빼앗아 놓지 않으면 안 된다. 또한 우리는 내부 고발자에 대해서는 어떤 보호 조치도 없이 오로지 지도자에 대한 충성만을 요구한다는 점에서 미국 방위군이 나치의 친위대와 닮았음을 우연의 일치라고 믿어서도 안 된다. 이 새로운 세계 질서는 전 세계에 걸친 엄청난 군사력을 필요로 하기 때문에 개인의 권리를 제한하지 않을 수 없다. 그 까닭은, 자유민이라면 누구라도 극소수의 이익을 위해 자신들이 이런 식으로 통제를 받도록 놔두지는 않을 것이기 때문이다.

여기, 새로운 세계 질서를 정의하는 또 하나의 방법이 있다. 그것은 "호전적인 민족주의와 함께, 국가와 기업의 지도력 합병이라는 전형적인 방법을 통해 극우의 독재 권력을 행사하는 정부 제도"이다. 이것은 1983년판 《아메리칸 헤리티지 딕셔너리*American Heritage Dictionary*》가 파시즘에 대해 내린 정의이다.

미국이 이라크를 공격하는 핵심 동기가 1,120억 배럴로 추정되는 이라크의 석유를 차지하려는 강한 욕망 때문이라고 지적하는 기사들이 미국을 비롯한 여러 나라에서 보도되고 있다. 2002년 9월 15일 《워싱턴 포스트》지는 "이라크 전쟁 시나리오, 석유가 핵심 쟁점이다: 미국의 시추업자들은 거대한 유전층에 눈독을 들이고 있다"라는 제목으로 기사를 실었는데, 이에 따르면 미국은 이라크의 석유를, 자신과 함께 유엔 안전보장이사회를 구성하는 러시아, 영국, 중국, 프랑스로부터 반反이라크 강경 조치에 필요한 지지 세력을 얻기 위해 '유리한 협상 카드'로 사용하고 있다고 한다. 그 기사 중 일부를 인용해 보자.

후세인을 권좌에서 강제로 끌어내릴 것을 앞장서 주장한 사람 중 하나인 R. 제임스 울시 전 CIA 국장은 말했다. "그것은 매우 노골적이다. 프랑스와 러시아는 이라크에 석유 회사를 두어 이라크와 이해 관계가 있다. 만일 그들이 이라크에 품위 있는 정부가 들어서도록 하는데 도움이 된다면, 우리는 그 새로운 정부와 미국 회사들이 그들과 긴밀히 협력하여 일할 수 있도록 최선을 다할 것이라고 그들에게 말해야 한다."

그러나 그는 덧붙여 말했다. "만일 그들이 사담 후세인과 한 패가 된다면, 새로운 이라크 정부를 설득하여 그들과 협력하게 하는 것은 불가능에 가까울 정도로 어려운 일이 될 것이다."

조지 부시가 '테러와의 전쟁'을 선포하고 나자 다른 나라들은 선제 공격권을 주장하기 시작했다. 테러범들을 추적해 죽이거나 그들을 보호하는 나라를 유엔과의 협의 없이 일방적인 결정에 기초하여 공격할 수 있는 무제한의 권리를 미국이 주장한 데 따른 직접적인 결과로서, 인도와 파키스탄은 지구와 자국민을 과거 어느 때보다 더 핵 충돌에 가까이 데려갔다. 조지 부시의 주장들을 기초로 한 국가가 다른 국가를 공격하거나 자국민의 인권을 더 크게 침해할 수 있다고 선언하는 유행병이 이렇게 우리 곁에 가까이 와 있다.

램지 클라크가 지적했듯이, '테러와의 전쟁'은 건전한 경제를 파탄시켜 국고 잉여금에 1조 달러나 손실을 낸 부시가 대통령직 수행

실패를 만회하기 위해, 미국의 특수 이익 집단을 섬기는 데 필요한 새로운 세계 질서의 꿈, 결과적으로 악몽이 되고 말 그 꿈을 이루기 위해, 이라크에 대한 가족의 원한을 풀기 위해, 한 번에 한 민족씩 아랍 세계를 굴복시키기 위해, 무슬림 국가를 공격해 이슬람 세력을 약화시키기 위해, 그리고 이라크 석유에 대한 지배권을 확보함으로써 미국의 이익을 증대시키는 것은 물론 그 지역의 석유 생산을 독차지하고 석유 가격을 통제하기 위해 그 국면 전환의 전술로서 사용되고 있다.

더 나아가 '테러와의 전쟁'은 부시 대통령이 취임한 지 불과 1년 만에 엄청난 액수의 국가 예산을 낭비해 왔다는 놀라운 사실로부터 국민의 주의를 돌려 '9 · 11 이후의 미국'이라는 데로 향하도록 만들고 있다. 그러는 동안 수만 혹은 수십만의 죄 없는 세계 시민들이 경제적 · 군사적 통제라는 이들의 꿈을 위해 대량 학살될 것이다. 그와 함께 수만 명에 이르는 미국 군인들이 자유나 민주주의가 아니라 오만과 탐욕, 그리고 미친 짓거리라고밖에는 할 수 없는 세계 지배의 환상, 바로 이런 것들을 위해 살다가 죽임을 당하고 다치고 고통을 받게 될 것이다.

앨 고어의 연설에서, 인용하기가 망설여지기는 하지만, 도저히 외면하기 어려운 한 토막이 있어 소개한다. "미국이 세계를 향해 천명하는 것이 동등한 국가들의 연방 안에서의 지도력이라면, 그때는 우리의 친구들이 다수가 될 것이다. 우리가 세계를 향해 천명하는 것이 제국이라면, 그때는 우리의 적들이 다수가 될 것이다."

만일 이 최후의 심판일 시나리오가 전개된다면, 나의 이런 생각과 설교는 비미국적인 것으로 간주될 것이다. 그러나 나의 이런 생각과 설교는 비미국적이지 않다. 그것들은 우리를 상상할 수 없는 공포, 즉 우리의 사회 보장 기금을 고갈시키고 최상위층과 나머지 사람들 사이의 경제적 격차를 더욱 악화시킬, 아마도 하루에 수십억 달러씩 쌓이는 전쟁 부채 속으로 우리를 빠뜨리기 직전에 있는 핵 전쟁광들의 세계 지배 야욕에 맞서 우리가 할 수 있는 가장 애국적이고 이성적이며 분별 있는 반응에 속한다. 결국 그 시나리오는 미래의 세대들에게 미국인을 건전한 원칙도 고결한 용기도 없는 악의적인 사람들이라는 모습으로만 보여주게 될 것이다.

참된 애국심은 위대한 국민이라면 오로지 위대한 이상만을 따라야 한다고 요구한다. 참된 미국인이라면 이 위대한 국민이 소수의 미친 격분 위에서 놀아나 다수의 희망을 탕진하는 일이 없도록 싸울 것이다. 그리고 참된 종교적 믿음을 가진 사람이라면 국민인 우리가 대재앙이 아닌 연민의 행위자가 될 것을 요구해야 한다.

이 나라의 건국자들에게 최선의 것을 고취시킨 것은 바로 이 고귀한 인품에서 우러난 믿음과 애국심이었다. 그리고 이처럼 늦은 시각에 그래도 우리를 구원할 수 있는 것은 이 높고 위엄 있는 이상들로 돌아가려는 용기밖에 없을 것이다.

8

파시즘 아래의 삶

2004년 11월 7일

오늘날 미국이 처한 곳이 어디인지 진지하게 논의하는 자리에서 '파시즘' 이라는 단어를 사용하려는 까닭을 이상하게 여길지도 모르겠다. 그것은 마치 값싼 험담처럼, 혹은 수없이 많은 낡은 전쟁 영화들을 놓고 신파조로 뭐라고 떠드는 것처럼 들린다. 그러나 나는 진지하다. 결코 험담이나 늘어놓자는 뜻으로 그런 말을 하는 것이 아니다. 내가 의도하는 바는, 미국이 빠져 있는 통치 형태가, 가장 정확히 묘사하자면, 바로 파시즘이라는 점, 그리고 이러한 사실에는 우리를 두려움에 떨게 하는 의미들이 당연히 함축되어 있다는 점을 당신이 받아들였으면 하는 것이다. 설령 내가 당신을 설득하지는 않는다고 해도, 나는 지금 우리가 누구이며 어디에 놓여 있는지 당신이 좀 차원을 높여 생각할 수 있도록 돕고 싶고, 거기에 몇 가지 미묘한 차이점도 덧붙이고 싶다.

파시즘이라는 단어는 라틴어 'fasces' 에서 유래하는데, 이는 원래 묶여 있는 막대기 다발을 의미한다.(고대 로마에서 막대기 다발 속에 도끼를 끼운 모습으로 집정관의 권위를 나타냈다고 한다.—옮긴이) 막대기 하나하나는 시민을, 묶음은 국가를 의미했다. 이 은유에 담긴 메시지는, 중요한 것은 막대기 하나하나가 아니라 바로 묶음이라는 것이다. 만약 이 말이 비미국적인 것처럼 들린다면, 이 로마의 상징(곧 fasces)이 미 하원 회의장의 의장 연단 뒤쪽 벽에 등장한다는 사실을 주목할 필요가 있다. 미국이 묶음으로 된 막대기 또는 화살을 건국 정신의 상징물로 택한 것은 "다수로부터의 하나one out of many"라는 모토를 드러내기 위해서였지 어떤 파시즘적 경향에 기울어 있었기 때문은 아니다. 그러나 오늘날 이 상징은 원래 그것이 의도했던 것과는 뜻이 많이 달라졌다.

하지만 여전히 이 파시즘이라는 단어는 미국에 있음직하지 않은 단어이다. 대부분의 사람들은 '파시즘'이라는 단어를 들으면 무솔리니와 히틀러의 인종 차별주의, 반유대주의를 떠올릴지 모른다. 사실, 무력을 사용하는 것이나 비주류 사람들을 희생양으로 삼는 것 모두 파시즘의 일종이다. 그러나 이와 별도로 경제적 차원의 파시즘이 있다. 이것이 바로 1920년대 및 1930년대 유럽에서 '조합주의corporatism'로 알려진 것으로, 무솔리니와 히틀러가 편 압제 정치의 요체 또한 이것이었다. 이른바 조합주의는 1930년대 이탈리아와 독일에서 채택되었고, 미국과 유럽에서 상당수 지식인과 정책 입안자가 이를 하나의 모델로서 제시한 바 있다.

미국의 《포천*Fortune*》지는 1934년 무솔리니를 커버 스토리로 실었다. 그러면서 노동조합을 깨뜨리고, 노동자들을 무력하게 만들고, 엄청난 액수의 돈을 땀 흘려 일한 사람들보다는 오히려 그 돈을 통제하는 사람들에게 넘겨주는 그의 파시즘적 능력을 찬양했다.

1930년대 내내 얼마나 많은 미국인과 유럽인이 경제적 파시즘을 미래의 물결이라고 받아들였는지 알거나 기억하는 미국인은 거의 없다. 하지만 과거를 되짚다보면 우리의 현재를 밝히는 데, 또 더 나은 미래의 길을 찾는 데 도움을 받을 수 있다. 그런 점에서 나는 파시즘이 미국에 심각한 위협을 제기한, 지금으로부터 가장 가까운 과거를 되돌아보는 것으로 이야기를 시작하려 한다.

미국의 소설가로 1930년 노벨 문학상을 탄 싱클레어 루이스Sinclair Lewis의 소설《그것은 여기에서 일어날 수 없다*It can't Happen Here*》에 보면, 남부의 한 보수적인 정치인이 라디오 토크쇼 사회자의 도움을 받아 대통령직에 오르는 이야기가 나온다. 이 소설에서 정치인 버즈 윈드립은 가족의 가치와 성조기, 그리고 애국심을 앞세워 선거 운동을 벌인다. 윈드립과 토크쇼의 사회자는 개인의 권리와 자유에 관심이 있는 미국의 전통적인 민주주의 옹호자들을 반미적인 사람들로 몰아세운다. 이것은 69년 전의 일이다.

1930년대에 미국의 파시즘을 가장 노골적으로 떠받든 사람 중 하나는 경제학자 로렌스 데니스Lawrence Dennis였다. 파시즘의 도래를 고대한 그는 1936년에 쓴《도래하는 미국의 파시즘*The Coming American Fascism*》에서, "18세기 미국 정신"의 수호자들은 틀림없이 "자기 동포들의 웃음거리"가 될 것이라고 선언했다. 그는 "자유주의적인 법률 규범 혹은 개인적 권리들에 대한 헌법 차원의 보장"이야말로 경제적 파시즘의 발전에 커다란 장애물이라며 한탄했다.

이렇게 경제 제도로서의 파시즘이 1920년대와 30년대에 널리 받아들여졌다는 점, 미국의 일부 강력한 산업주의자들한테는 거의 숭배의 대상이었다는 점을 우리가 아는 것이 중요하다. 더군다나 파시즘은 항상 그리고 명백히 모든 종류의 자유주의에 반대해 왔다.

현대의 파시즘을 정의하는 데 일조한 무솔리니는 자유주의적 생각들을 적으로 간주했다. 그는 이렇게 썼다. "파시즘에서는 국가의 중요성을 강조하며, 따라서 개인의 삶을 용인하는 것도 그 개인의 이익이 국가와 일치하는 경우에 한정한다. 파시즘은 개인의 이름으로 국가를 부정하는 고전적 자유주의에 반대한다. 파시즘은 국가의 권리란 개인의 참된 본질에 대한 표현임을 재천명한다."

무솔리니는 정부가 개인의 권리를 보호하는 것은 자연스럽지 않다고 생각했다. 파시즘의 본질은 정부가 국민의 종이 아니라 주인이 되는 것이라고 그는 믿었다. 그럼에도 '파시즘' 이란 단어는 우리들 대부분에게는 아주 낯설다. 우리는 파시즘이 무엇인지, 어떻게 파시즘을 알아볼 수 있는지 인식할 필요가 있다.

〈파시즘이 뭐지?Fascism Anyone?〉라는 제목의 글에서, 정치학자 로렌스 브리트Lawrence Britt 박사는 파시즘 정권들에 공통된 사회적 · 정치적 의제를 밝히고 있다. 그는 히틀러, 무솔리니, 프랑코, 수하르토, 그리고 피노체트를 비교하여 다음과 같이 "파시즘을 식별케 하는 특징" 14가지를 들고 있다. 과연 낯익게 들리는지 보라.

1. 강력하고 지속적인 민족주의. 파시즘 정권은 애국적인 표어, 슬로건, 상징물, 노래, 그리고 그 밖의 도구를 끊임없이 만들어내는 경향이 있

다. 복장에도 기를 붙이고 공공 전시에도 기를 내걸듯이, 어디에서나 깃발이 나부낀다.

2. 인권을 인정하는 것을 경멸함. 적에 대한 두려움과 안전에 대한 희구 때문에, 파시즘 정권 안에 있는 사람들은 '필요'한 경우 인권이 무시될 수 있다고 설득된다. 사람들은 인권의 무시를 넘어서, 심지어는 고문, 즉결 처형, 암살, 장기 투옥 등에 찬성하는 경향도 보인다.
3. 적/희생양을 통합의 명분으로 봄. 민족적 · 인종적 또는 종교적 소수자, 자유주의자, 공산주의자, 사회주의자, 테러리스트 등 공동의 위협이나 적이 있을 때 이를 제거할 필요가 있다는 구실 위에서 사람들을 통합을 위한 애국적 열광 속으로 내몬다.
4. 군대를 최우선시함. 산적한 국내 문제는 무시되고, 군대에만 막대한 양의 정부 자금이 제공된다. 군인과 군 복무가 미화된다.
5. 성 차별주의의 만연. 파시스트 국가의 정부는 남성만이 아주 배타적으로 지배하려는 경향이 있다. 파시즘 정권 아래에서는 전통적인 성 역할이 훨씬 엄격해진다. 국가 정책에 있어 동성애 공포증과 반反동성애 입법이 많은 것처럼, 낙태에 대한 반대가 높다.
6. 대중 매체의 통제. 대중 매체는 간혹 정부에 의해 직접 통제된다. 그러나 여타의 경우에는 정부의 규제에 의해서나, 정부 정책에 동조하는 대중 매체의 대변인과 경영진에 의해서 간접 통제된다. 특히 전시에는 검열이 매우 일반적으로 행해진다.
7. 국가 안보에 대한 강박 관념. 정부는 대중 매체를 통해 동기 부여의

도구로서 '공포'를 사용한다.

8. 종교와 정부가 하나로 얽혀 있음. 파시스트 국가들의 정부는 나라에서 가장 일반적인 종교를 여론 조작의 통로로 사용하는 경향이 있다. 그 종교의 주요 교의들이 정부의 정책이나 행동과 정반대인 경우에도, 정부 지도자들은 종교적 수사와 전문 용어를 흔히 들먹인다.

9. 기업 권력이 보호받음. 파시즘 국가에서 산업이나 기업을 장악한 특권 계급은 정부 지도자들에게 정권을 쥐게 해주고, 그 결과로 서로 간에 이익을 주고받는 기업-정부 관계라든지 파워 엘리트를 만들어낸 사람들인 경우가 흔하다.

10. 노동 권력이 억압됨. 조직화된 노동자들의 힘은 그 무엇보다 파시즘 정부에 현실적으로 위협이 되는 존재이기 때문에, 노동조합은 완전히 제거되거나 심하게 억압된다.

11. 지식인과 예술을 경멸함. 파시즘 국가들은 고등 교육이나 학문 연구에 대해 공공연한 적대감을 조장하고 묵인하는 경향이 있다. 교수라든지 학문 연구자가 검열을 받거나 체포되는 일도 흔하다. 자유로운 예술 표현이 공공연히 공격을 받으며, 정부가 예술 분야에 자금 지원을 거부하는 경우도 흔하다.

12. 범죄와 형벌에 대한 강박 관념. 파시즘 정권에서는 법을 집행할 수 있는 거의 무제한의 권한이 경찰에게 주어진다. 사람들이 경찰의 권력 남용을 기꺼이 받아들이는 일도 흔하며, 애국심이라는 이름으로 시민으로서의 자유를 포기하기도 한다. 파시즘 국가들에는 사실상

무제한의 권력을 가진 국가 경찰력이 존재하는 경우가 많다.

13. 파벌주의와 부패의 만연. 파시즘 정권은 거의 언제나 친구나 패거리에 속한 자들이 장악하는데, 이들은 서로를 정부 직책에 앉혀놓고 정부의 권력과 권위를 이용해 자신의 친구들이 책임질 일이 없도록 보호해 준다. 정부 지도자들이 국가 자원과 보물을 착복하거나 심지어 내놓고 훔치는 경우도 비일비재하다.

14. 부정 선거. 파시즘 국가들에서는 선거가 종종 철저한 사기극으로 이루어진다. 사기극이 아닌 경우에도, 상대 후보에 대한 조직적인 중상모략이나 심지어 암살이 자행되고, 유권자의 수라든지 선거구의 조정을 위한 법률이 제정되며, 대중 매체에 의한 조작도 동원된다. 파시즘 국가들이 쓰는 또 한 가지 전형적인 수법은 선거의 조작 혹은 통제를 위해 사법부를 이용하는 것이다.

정치학을 공부하는 학생들에게는 이 목록이 낯익을 것이다. 물론 종교를 공부하는 학생들에게도 익숙할 게 틀림없다. 이 목록의 상당수가 전 세계 종교 근본주의들의 사회적 · 정치적 의제들을 반영하고 있기 때문이다. 우리가 근본주의를 종교적 파시즘으로, 파시즘을 정치적 근본주의로 이해하는 것은 정확할 뿐만 아니라 실제로 유용하기까지 하다. 이 두 가지 모두 태곳적부터 인류의 디폴트 세팅으로서 기능해 온 부분들, 즉 내집단에 대한 우호적인 태도, 외집단에 대한 적대감, 최고 권력자에 대한 위계적인 복종, 자기 영토에 대한 분명한 확인 등에서 유래한다. 모든 문명은 바로 이 야만적인 디폴트 세팅 위에 우리를 올려놓으려고 애써왔다. 그러나 문명이란 언제나 무너지기 쉬운 것이요, 세우고 또 세우기를 끊임없이 반복하지 않을 수 없는 것이다.

하지만 파시즘과 미국이 이렇게 처음 만난 것은 아니다. 1944년 초, 《뉴욕 타임스》는 헨리 월리스Henry Wallace 부통령에게 "다음의 질문에 답변하는 글을 써주십시오. 어떤 사람이 파시스트입니까? 미국에 얼마나 많은 파시스트가 있습니까? 그들이 얼마나 위험합니까?"라고 요청했다. 이에 대한 월리스의 답변은 제2차 세계대전이 절정에 이르던 1944년 4월 9일자 《뉴욕 타임스》에 발표되었다. 이 진술들이 오늘날 우리 사회에 얼마나 많이 적용되는지 한번 살펴보기 바란다. 월리스는 이렇게 썼다. "정말로 위험한 미국의 파시스트는…… 히틀러가 독일에서 독일 방식으로 했던 것을 미국에서 미국 방식으로 하고 싶어하는 사람이다. 미국의 파시스트는 폭력을 선호하지 않을 것이다. 그는 공적인 정보의 전달 경로들을 오염시키는 방법을 쓸 것이다. 파시스트에게 문제는 어떻게 하면 대중에게 진리를 가장 잘 제시하느냐 하는 것이 결코 아니다. 그보다는 어떻게 하면 뉴스를 가장 잘 활용해서 대중을 속이고 파시스트 및 그들 집단이 더 많은 돈과 권력을 가져가느냐 하는 것이다."

미국에서 발흥하는 파시즘의 추세를 아주 강력히 고발하면서 월리스는 이렇게 덧붙였다. "그들은 자신들이 뛰어난 애국자라고 주장한다. 하지만 그들은 헌법에 보장된 모든 자유를 파괴하고 말 것이다. 그들은 자유로운 기업 활동을 요구하지만 실은 독점과 기득권을 대변하는 자들이다. 그들이 온갖 속임수를 동원해 이루려는 최종 목적은 정치 권력의 장악이며, 국가 권력과 시장 권력을 동시에 사용해 일반 시민을 영구히 자신들에게 복종시키려는 것이다."

이 기준들에 따를 때 일반 시민을 영구히 복종시키기 위해 오늘날 사용되는 몇 가지 무기의 예로서, 세계에서 가장 거대한 교도소 체제는 말할 것도 없거니와 북미자유무역협정, 세계무역기구, 노동조합 파괴, 최고 경영 책임자의 보수는 늘리고 노동자에 돌아갈 몫은 삭감하기, 노동자 연금 폐지, 약탈적인 신용카드 이자율, 그리고 일자리 아웃소싱 같은 것을 들 수 있겠다.

우리가 현재의 파시즘에 빠져들게 된 것은 일종의 '초대형 폭풍 perfect storm', 즉 서로 관련은 없으면서도 내용상 지지하는 세 가지 사조를 통해서였다.

이 초대형 폭풍의 첫 번째 사조는 부자들의 이익을 옹호하는 금권 정치를 펼 것, 대다수 미국인 노동자를 무력화할 것, 노동조합을 파괴할 것, 그리고 이 탐욕스러운 목적 달성을 위해 정부가 협조해줄 것을 바라는 미국의 갑부들과 기업 최고 경영 책임자들의 갈망이다. 이런 상황을 가리켜 어떤 사람은 "부자를 위한 사회주의, 빈자를 위한 자본주의"라고 부르고, 어떤 사람은 사회 다원주의의 부활이라고 바라본다. 이 같은 사고 경향은 미국 역사를 통틀어 줄곧 있어왔다. 70년 전인 1934년, 소수의 부유한 사업가들이 군사 쿠데타를 사주해 프랭클린 루스벨트를 끌어내리고 그 자리에 스메들리 버틀러 장군을 파시스트 독재자로 앉히려 한 적이 있었다. 다행스럽게도 그들이 선택한 인물은 진정한 애국자였다. 버틀러 장군은 그들의 제의를 거절하고, 나아가 그들이 꾸민 음모를 말로 글로 폭로하기까지 했다. 캐나다인 법학 교수 조엘 바칸이 《기업: 이익과 권력의 병적 추구》라는 책에 썼듯이, 이들 금권 정치가들은 이제 총 한 방 쏘지 않고 자신들의 쿠데타를 달성한 상태이다.

금권 정치가들은 예나 지금이나 종교에 별 관심이 없다. 그들이 세계적으로 보이는 관심은 제국주의 왕국에 집중되어 있으며, 미국 내에서는 제2차 세계대전 후 중산 계급의 출현을 가능하게 만든 루스벨트 대통령의 모든 뉴딜 개혁을 원상으로 되돌리는 것이다.

두 번째 사조는 '새로운 미국의 세기를 위한 프로젝트Project for New American Century'(PNAC, www.newamericancentury.org)라는 제국주의적 꿈이었다. 2000년 9월에 출판된 PNAC 보고서를 읽지 않고서는 아무도 지난 4년의 세월을 이해할 수 없다고 나는 믿는다. 폴 울포위츠, 리처드 펄, 도널드 케이건을 비롯해 부통령 딕 체니, 국방장관 도널드 럼스펠드를 포함한 부시 행정부의 주요 인물이 그 보고서의 저자들이다. 그들은 공산주의의 몰락을 미국으로 하여금 세계의 군사적 통치자가 되어 새로운 세계 제국을 확립하라는 부름이라고 여겼다. 그들은 우리에게 필요한 군사 증강의 목록을 상세히 설명한 다음, 서글프게도, 진주만 사건 같은 대이변의 촉매 작용을 할 사건—이런 사건이 있어야 지도자들이 미국을 군국주의 국가로 변화시킬 수 있는데—이 없다면, 이 계획들이 아무리 훌륭해도 시간이 오래 지체될 수밖에 없다고 적고 있다. 이 보고서 역시 종교나 지역 경제 정책에는 아무런 관심도 없었다.

세 번째의 강력한 사조는 팻 로버트슨과 그의 기독교 재건주의자들과 관련된다. 로버트슨은 1980년대 초 이래 기독교 재건주의 형태의 설교를 해왔고, 지금은 부시 행정부에서 가장 강력한 종교적 목소리를 내고 있다.

1980년대에 로버트슨이 '700 클럽' 쇼에서 한 인터뷰를 1,300쪽이 넘게 녹취한 캐서린 유리카Katherine Yurica는 로버트슨과 그의 게스트들이 얼마나 일관되게, 공공연히, 그리고 열정적으로 미국이 기독교 재건주의자들 통제하의 신정神政 국가가 되어야 한다고 주장했는지를 보여주었다. 로버트슨은 방송중에 자신들과 같은 부류의 기독교인에 의해 운용되지 않는 민주주의는 끔찍한 정부 형태가 되고 만다고 말하고 있다. 그는 또 부자들에 대한 과세, 공교육, 사회 복지 프로그램 등을 맹렬히 비난하는가 하면, 예수의 가르침보다 〈신명기〉 28장(여기에는 하나님의 말씀에 순종할 때 받을 복과 순종하지 않을 때 받게 되는 저주가 기록되어 있다—옮긴이)을 더 좋아한다고 밝히기도 했다. 여성은 남성에게 순종하는 종으로서 집에 틀어박혀 있어야 하고, 낙태도 동성애와 마찬가지로 불법으로 간주되어야 하며, 감독 교회 교인Episcopalian과 장로교인을 포함한 여타의 기독교인은 그리스도의 적이라는 것이 그가 줄곧 표명해 온 입장이다.

이 초대형 폭풍에 딸려오는 하나 더 좋지 않은 바람은 조잡해 보이는 그 겉모습과는 달리 아주 중요하다. 그것은 바로 빌 클린턴 대통령이 백악관에서 젊고 열성적인 수습 사원과 벌인 추잡한 섹스 행각이다. 이 사건, 그리고 이 사건에 관해 클린턴이 보인 똑같이 추잡한 거짓말은, '자유주의자들' 이란 도덕적 한계도 없고 도덕적 관심도 없으며, 따라서 미국의 도덕성에 심각한 위협이 되고 있다는 보수주의자들의 확신에 빌미를 제공했다. 이 사건의 여파가 어느 정도나 되는지 정확히 계산해 내기는 어렵겠지만, 나는 심각한 영향을 미쳤다고 생각한다.

이 '폭풍' 을 구성하는 요소들은 서로 아무런 필연적 연관도 없는 상이한 집단의 사상가들에게서 유래한다. 이 사상가들 중 다수는 서로 좋아하지도 않았을 것이다. 그러나 전체로서 그들은 거의 완벽한 명령과 통제의 그물망을 형성하는데, 그들은 이러한 그물망으로 마침내 미국과 세계를 지배하기를 염원한다.

모든 파시즘이 똑같은 사회적 · 정치적 의제들을 보여준다고 할 때, 새로 일어난 파시즘이 장차 어디로 나아갈지 예측하기란 어렵지 않다. 파시스트들의 행동, 그리고 파시즘과 근본주의가 사회와 정치에 미치는 결과는 아주 뚜렷하다. 앞으로 몇 년 사이에 미국에서 일어나리라 예상되는 일 몇 가지를 들어보겠다.

· 모든 사회 보장 기금이 도둑을 맞게 될 것이다. 도둑맞은 기금은 돈을 통제하는 사람들에게로 이전되고, 사회 보장과 사회 복지 프로그램에 의존해 살아가는 사람들은 더욱 빈곤해질 것이다.

· 보험 미가입 인구가 증가할 것이다. 미국은 이미 선진 국가 중 건강 보험에 가입되어 있지 않는 시민의 비율이 가장 높다.

· 바우처voucher 계획(자녀를 사립 학교에 보내는 부모들이 학비를 냈을 때 개인 소득에서 이 학비를 공제해 주는 제도—옮긴이)을 위한 지원 증가로 공교육 기금의 손실이 늘어날 것이다. 이는 미국인들로 하여금 아이들을 기독교 학교에 맡기도록 내몰 것이다.

· 미국이 파시즘 작동에 필수적인 경찰 국가로 바뀌면서 시민의 자유는 더욱더 제약을 받게 될 것이다.

· 공영 방송 제도를 위한 정부의 자금 제공이 사실상 모두 철회될 것이다. 이따금씩 비판적인 문제 제기를 촉구하는 이들 공영 방송 매체들은 당연히 국가의 공식 이야기들에 대한 적으로 간주될 것이다.

· 징병 제도가 부활할 것이다. 특권층 부모의 자녀들은 대부분 징병에서 면제되고, 가장 가난한 집 아이들만이 자신들에게 아무런 이득도 없는 탐욕스런 제국주의 전쟁판에서 싸우다 죽게 될 것이다.

· 이란 및 여타 지역들에 대한 제국주의적 침략이 더욱 늘고, 이라크에 영구적인 군사 기지들과 거대한 대사관이 들어설 것이다.

· 국가 안보라는 깃발 아래 언론의 자유가 더욱 제한을 받을 것이다.

· 정부의 통제를 받지 않는 자유로운 의사소통 수단인 인터넷의 제거

내지 무력화를 위한 통제 조치가 시행될 것이다. 이는 테러 방지의 필수 조치로서 제시될 것이다.

· 자유주의 교회들의 면세 자격을 제거하는 동시에 그들을 반미 집단으로 규정하려는 노력들이 벌어질 것이다.

· 대부분의 대중 매체가 더욱 엄격한 통제를 받을 것이며, 《뉴욕 타임스》처럼 통제하기 어려운 극소수 대중 매체는 악마화될 것이다.

· 돈과 사회를 지배하고 장악한 사람들한테는 더 큰 이익을 가져다주고 노동자들은 더욱 절망적이고 무기력한 상태로 내몰기 위해, 정신 노동을 포함한 일자리들의 아웃소싱이 지속될 것이다.

· 갈수록 더 많은 수의 미국인이 자기 집을 가질 수 없도록 금융 조치들이 취해질 것이다. 돈을 통제하는 사람들은, 1930년대에도 그랬듯이, 다른 사람들이 자기 집을 갖지 않고 세를 살게 하는 것이 자신들한테 이익이 된다는 사실을 알고 있다.

· 체포와 구금, 그리고 학대를 강화하며 이에 항의하는 사람들을 반미 분자로 몰아 처벌할 것이다. 미국은 이미 세계 어느 나라보다도 수감자 비율이 높은데, 이 비율은 더욱 커질 것이다.

가까운 장래에, 내가 여기에서 든 것을 입에 올리는 것 자체가 불법이 되거나 최소한 위험한 일이 될 것이다. 파시스트 이야기 안에서는 이러한 것들이 반미적이다. 하지만 미국의 진정한 민주주의 역사에서는 미국의 정신을 살아있게 만드는 일종의 비판적 문제 제기로, 이를테면 우리의 대중 매체들이 반드시 따지고 들 것으로 기대되는, 매우 애국적인 문제 제기로 간주되었다.

이러한 책략들이 효력을 발휘할 수 있는가? 나는 그럴 거라고 생각하지 않는다. 나는 그것들이 살인적이고 탐욕스러우며 미친 짓거리라고 생각한다. 하지만 모른다. 어쩌면 효력을 발휘할 수 있을지도. 칠레 등 몇몇 나라에서는 이와 유사한 책략들이 효력을 발휘했다. 칠레에서는 사람들이 누구에게 찬성 투표를 하든 더 이상 중요하지 않다고—미국인들도 이렇게 말하는 법을 배우고 있는데—말하고, 그래서 90퍼센트 이상의 사람들이 투표에 참여하던 민주주의가 겨우 20퍼센트의 사람들만 참여하는 민주주의로 전락했다.

그렇다면 희망은 있는가? 아니면 우리는 군중 심리에 사로잡힌 나그네쥐들처럼 무리 지어 절벽 아래로 뛰어내릴 것인가? 그렇다. 희망은 늘 있다. 오늘날처럼 희망이 더 깊이 숨어 있는 때가 종종 있기는 해도.

오늘날 일부 비평가들이 말하고 있듯이, 또 내가 거의 20년 동안 설교로 혹은 글로 말해왔듯이, 미국의 자유주의자들은 더 큰 사회에 대한 개인의 책임은 외면한 채 개인의 권리에만 흠뻑 빠져 있는 정치적 자유주의를 뛰어넘어 더 성장할 필요가 있다. 자유주의자들은 도덕적 · 종교적 토대 위에서 더욱 완전한 비전vision을 쌓아 나아가야 할 것이다. 그것은 특정 종파의confessional 기독교를 의미하는 것이 아니다. 기독교의 정당한 상속자가 되는 것을 의미한다. 그러한 정당한 상속자가 반드시 종교일 필요는 없다. 비록 그 정당한 상속자가 분명한 도덕적 힘을 지녀야 하고, 투표에 참여하는 다수 미국인의 정신과 마음을 끌어당길 수 있어야 하지만 말이다.

새로운 자유주의적 비전은, 판사를 임명하고, 법조문을 쓰며, 예견되는 미래를 증오하고 배척하는 쪽으로 문화적 규범을 기울게 하는 보수주의적인 종교적 비전보다 더 커야 한다. 보수주의자들은 커다란 존경을 받을 만하다. 그들은 지난 40년을 미국 정치를 연구하고 자신들의 비전을 만들고 정치 제도를 통제하는 법을 배우는 데 써왔다. 그리고 그것은 효과를 발휘했다. 그들은 승리했다. 자유주의자들이 더 큰 비전을 발전시킬 수 있다 할지라도, 그러기까지 그들은 여전히 저 많은 시간이 필요하다. 그것은 신속히 이룰 수 있는 일이 아니다. 자유주의자들이 기꺼이 그와 같은 비전을 계발하려고 할지도 불분명하다. 그 대신 그들은 자신들에게 익숙한 배와 함께 가라앉는 쪽을 택할지도 모른다.

미국의 파시즘화에 대해 지칠 줄 모르고 연구와 비판을 해온 사람으로 마이클 루퍼트Michael C. Ruppert라는 저널리스트가 있다. 그는 지금 우리가 할 수 있는 것과 관련해 네 가지 충고를 한다. 이 네 가지 충고는 여러분에게 전하기에 충분한 현실적 기초를 갖고 있는 것처럼 보인다. 이 충고들은 모두 돈과 관련된다.

· 첫째, 채무에서 벗어나라.

· 둘째, 당신에게 힘과 정보를 제공하는 일들에 돈과 시간을 써라.
· 셋째, 당신에게 거짓말을 일삼고 당신의 화를 돋우며 당신을 녹초로 만드는 큰 은행이나 뉴스 매체, 기업 들을 위해 단 한 푼도 쓰지 마라.
· 넷째, 돈이 어떻게 효과를 발휘하는지 배우고, 돈을 정치적 무기처럼 사용하라. (루퍼트는 나머지 세계가 우리에게 맞서서 행동할 것이라고 예언한다.)

이 충고가 씌어진 것은 최근이다. 또 다른 충고 하나는 60년 전 루스벨트 정권의 부통령인 헨리 월리스가 한 것이다. 그는 이렇게 말했다. "민주주의는, 파시즘을 내부적으로 궤멸시키기 위해서는, 사람들을 완전 고용하는 동시에 예산 균형을 맞추는 능력을 키워야 한다. 돈보다 사람을 우선시해야 한다. 폭력과 기만이 아니라 이성과 고상함에 호소해야 한다. 우리는 압제적인 정부 혹은 독점과 카르텔의 형태를 띤 산업상의 소수 독재 정치를 묵인해서는 안 된다."

파시즘을 이해하는 또 한 가지 방법은 그것을 일종의 식민지화로 이해하는 것이다. 간단히 정의하면 '식민지화'는 사람들의 이야기를 빼앗고, 그들의 희생을 담보로 다른 사람들에게 권력을 부여하는 이야기들 속에서 보조적인 역할을 그들에게 할당하는 것이다. 당신을 다른 사람들의 목적에 이바지하는 수단으로 쓰는 정부를 유지시키고자 당신에게 세금이 부과될 때, 당신은 아이러니하게도 항의 한 번 못한 채로 세금을 내야 하는 처지가 된다. 이것이 이 나라의 출발점이었고, 오늘 우리가 있는 곳이다.

나는 그 다음 단계를 모른다. 나는 정치적 활동가가 아니라 한 사람의 목사일 뿐이다. 그러나 우리가 무슨 일을 하든, 나는 내가 영원한 진리로 간주하는 몇 가지 매우 기본적인 것을 다 함께 기억할 수 있기를 바란다. 하나는, 대다수 사람들은 어떻게 행해야 할지 알고 있을 뿐만 아니라 행할 의도가 있고 또 실제로 행하고 있는 선하고 고상한 사람들이라는 것이다. 극소수의 사람들만이 악하다. 그러나 우리는 모두 우리가 미워하는 일들을 우리 혈육 중 일부는 지지하는 그런 가족 속에서 어울려 살고 있다. 나는 그들이라도 의도는 선하다고 믿는다. 무너진 다리를 다시 세우는 방법은 더 큰 이해와 연민, 그리고 우리 대다수를 포함하고 우리 대다수에게 힘을 가져다주는, 현실에 기초한 이야기를 계속해서 주고받는 것이다.

권력과 가능성, 희망을 소수의 지배 엘리트에게 넘겨주게끔 의도된 이데올로기 속에서 노예로 살기를 거부하고 현실에 기초한 이야기 속에서 살기를 바라는 사람들은 개인적으로도 집단적으로도 꽤 오랜 시간을 들여 힘들게 해야 할 일이 있다. 그 일은 쉽지도 않고 신속히 이루어지지도 않을 것이다.

그러나 우리는 그 일을 할 것이다. 우리는 희망과 용기를 품고 앞으로 나아갈 것이다. 저 더 나은 길로 나서자. 그럴 수 있는 용기를 찾아내자—한 걸음, 한 걸음, 한 걸음.

AMERICA
FASCISM
&
GOD

3부 아메리카

9

9 · 11 폭력에 대한 응답

2001년 9월 16일

우리는 어디에서 시작할 것인가? 나에게 있어 그것은 분노, 즉 맹렬한 격분에서 시작되었다. 지난 화요일 세계무역센터와 펜타곤 일부가 파괴되었다는 이야기를 들었을 때, 나는 피의 복수를 원했다. 나는 '이 빌어먹을 놈들을 죽여라!' 하고 생각했다. 그 빌어먹을 놈들이 누구인지 몰랐지만 그들이 죽기를 원했다.

닷새 후인 지금, 우리가 보이지 않는 적, 즉 나라가 아니라 이데올로기에 의해 정의되는 적에 맞서 길고도 희생이 큰 전쟁을 준비하는 지금, 분노라는 주제가 미국의 전투적 외침이 되기 직전에 와 있음을 본다.

나는 그 분노에 공감할 수 있다. 나 또한 그러한 분노를 느꼈기 때문이다. 이 대량 살상은 어떤 도덕률에 비추어보더라도 비난받아 마땅한 짓이다. 문명화된 기독교도, 유대교도, 이슬람교도, 불교도, 힌두교도, 여타의 그 어떤 종교를 가진 사람이라도 이 행동을 비열하다고, 우리의 모든 고상한 가치들에 어긋난다고 비난한다.

우리가 무엇을 해서는 안 되는지는 매우 분명함에도, 무엇을 해야 할지 알기는 어렵다.

· 유니언 카바이드 사의 화학 약품 누출 사고가 발생하여 2천 명가량의 사람이 죽자 그 회사 임원들이 마더 테레사 수녀의 자선 단체에 기부

를 한 후 테레사 수녀를 비행기에 태워 회사가 있는 인도의 보팔로 데려왔을 때 테레사 수녀가 한 것처럼 우리는 하지 않을 것이다. 공항에서 "고통받고 있는 사람들에게 무슨 메시지를 가지고 왔습니까?"라는 매스컴 관계자의 질문을 받고 테레사 수녀는 이렇게 대답했다. "그저 용서하고 용서하는 것뿐입니다." 이런 극단적인 경우에 용서를 한다는 것은 죄를 눈감아주는 것이다. 우리는 작금의 이 살인 행위에 대해 눈감아주지 않을 것이다.

· 우리는 "오른뺨을 치거든 왼뺨을 돌려대라"는 기독교의 가르침을 따르지도 않을 것이다. 나는 어떤 목사도 이렇게 말하는 것을 듣지 못했고 상상할 수도 없다.

· 우리는 "눈에는 눈, 귀에는 귀, 이에는 이", 몸에는 몸, 대학살에는 대학살로 응수한다는 훨씬 더 오래된 가르침을 따를지도 모른다. 나는 그렇게 되지 않기를 바라지만, 우리의 지도자들, 대중 매체 전문가들은 우리를 그 방향으로 끌어가려고 애쓰고 있고 실제로 그들의 노력이 성공할 수도 있다.

이 살인 행위에 여전히 적용이 가능한 가장 지혜로운 가르침은, 내가 알기로, 공자가 준 가르침이다. 2,500년 전, 공자는 선은 친절함으로, 악은 정의正義로 갚아야 한다고 말했다. 이 가르침은 지금 가장 고상하고 가장 인간적인 목표처럼 보인다. 우리는 이 살인 행위들을 복수가 아니라 정의로 갚으려 애써야 한다.

그런데 여기에서 정의란 무엇인가? 정의는 '진리' 와 '연민' 과 '힘' 을 합한 것, 혹은 좀 거리가 있지만 '사랑' 이라고 말할 수 있을지 모르겠다. 정의가 우리에게 적을 사랑하라고 요구하는 것은 아니지만—적을 사랑하는 것은 이보다 훨씬 평온한 상황에서는 어울리는 가르침이겠지만 여기에서는 통속적으로 여겨질 것이다—정의를 추구한다고 할 때 우리는 자신들의 생명과 함께 거의 3천 명에 가까운 미국인의 생명을 죽음으로 몬 이 사람들을 이해하려고 노력하지 않으면 안 된다.

그러나 이해하려고 노력하자면 우리는 뒤로 한 걸음 물러서야 한다. 그런데 아직 분노의 감정이 생생한데 여기에서 한 걸음 물러선다는 것은 너무 이르지 않는가 하는 느낌이 들지 모르겠다. 그러므로 만일 내가 미국의 역사에서 전례가 없는 이번 공습 사건에서 너무 멀리 너무 빨리 물러서는 것처럼 보이더라도, 나를 용서해 주기 바란다.

이 공격자들을 이해하려고 노력하는 데 가장 힘든 부분은, 그들이 우리에 대해 우리와 다른 방식으로 보는 것과 똑같이 이번 공격에 대해서도 우리와는 다른 방식으로 바라본다는 것을 이해하는 일이다.

우리가 맨 먼저 알아야 할 것은 이것이 자유 혹은 민주주의에 대한 공격이 아니었다는 점이다. 이는 공격자들이 어떤 목표물을 선택했는가에 의해 아주 분명히 드러났다. 그들의 공격은, 그들이 보기에, 이기적이고 피비린내 나며 악하기 짝이 없는 미국의 군사적 · 경제적 행동과 정책에 대한 깊은 증오심에서 나온 것이었다.

우리에게 펜타곤은 미국 군사력의 상징이다. 우리는 펜타곤이 전 세계의 자유와 명예, 품위를 지키는 일을 한다고 믿고 싶어한다. 그러나 세상에는 펜타곤을 그런 식으로 보지 않는 사람들이 많다. 그들에게 펜타곤은 약탈을 일삼는 나라의 군사력을 상징한다.

갓 죽은 3천 명가량의 형제자매들을 가리키며 우리는 저들에게 말한다. "어떻게 당신들은 이런 야만적인 일을 저지를 수 있단 말인가?" 우리는 옳다. 그에 반해 저들이 저지른 일은 야만적이다. 인간으로서 품위를 지닌 사람이라면 그런 야만적인 일은 저지르지 말아야 했다. 그러나 저들 또한 자기들 보기에 테러리스트들의 작품이 분명한 미국 군사 행동의 다른 목록들을 거론한다.

그들은 이라크를 지적하고, 걸프전의 거의 완벽한 속임수를 지적한다. 우리는 10년 전에 그곳에서 수도 정화 시설을 파괴했고, 그때 이래로 수인성 질병 예방에 필요한 염소와 기타 화학 약품의 이라크 반입량을 배급 및 수출 금지 조치 등을 통해 면밀히 통제해 왔다. 이런 조치를 지속적으로 펴온 결과, 그 기간 동안 50만 명이 넘는 어린이를 포함해 줄잡아 100만 명 정도의 이라크 인이 죽었다. 그들은 묻는다. "당신들이 죽인 이들 남자와 여자, 어린이를 위해서 당신들이 흘리는 눈물은 어디에 있는가?"

그들은 국제법을 어기고 감행된 우리의 파나마 침공을 지적한다.

그들은 우리가 파나마 시의 가난한 게토 지역을 몇 시간 동안이나 폭격했다는 사실, 확성기에 대고 그것도 스페인 어가 아닌 영어로 항복하라고 소리쳤다는 사실, 그런 뒤 대다수가 민간인 신분이었던 약 4천 구의 시신을 아무 표지도 없는 커다란 무덤 속에 불도저로 밀어 넣었다는 사실을 우리에게 상기시킨다. "인간으로서 품위를 갖춘 사람이라면 세상의 무고한 자들을 위해 울 것이다. 이 사람들을 위해 흘린 당신네 눈물은 어디에 있는가?" 그들은 궁금하게 여긴다. 만일 이런 일이 우리의 도시들 중 한 곳에서 일어났다면 우리는 어떻게 느꼈을까?

그들은 또 세계 여론의 일치된 의견과 정반대로, 우리가 이스라엘에 대해 맹목적인 지원을 계속하고 있다는 사실을 지적한다. 또한 이스라엘이 웨스트 뱅크 지역과 가자 지구를 점령한 것이 불법이며 그곳에 팔레스타인 국가가 세워져야 한다는 데 대부분의 나라가 동의하고 있음을 지적한다. 세계의 많은 사람들에게 우리는 우리의 이기적인 목적에 들어맞는 때에만 국제법과 세계 여론에 호소하는 것처럼 보인다. 호소가 먹히지 않으면 우리는 마치 총을 들고 술에 취해 행패를 부리는 불량배처럼 법을 어긴다. 우리는 매년 이스라엘에 30억 달러의 군사 원조를 한다. 그들의 이슬람교인 혹은 아랍 인 친척들을 죽이는 총과 폭탄은 미국에서 만들어졌다. 그들은 묻는다. "이 같은 살인과 테러 행위에 당신네가 연루되어 있지 않은가?"

미국이 군사적으로 개입하는 국가의 목록에는 보스니아, 과테말라, 베트남 등만 있는 것이 아니다. 거기에는 남미와 아프리카의 많은 나라들이 추가될 수 있을 것이다. 그러나 이 정도는 세계의 많은 사람들이 우리를 미워하고 우리의 군사력이 이기심과 악의 상징이라고 믿는 이유의 일부에 지나지 않는다.

하지만 더 큰 목표물, 더 큰 상징은 뉴욕에 있는 세계무역센터의 쌍둥이 빌딩이었다. 이 공격은 자유나 민주주의, 또는 무슨 종교와 관련된 것이 아니라 경제와 관련된 것이다. 이 살인적인 광신자들은 살인자도 광신자도 아닌, 미국의 경제적 행위와 정책이 탐욕스럽고 파괴적이라고 여기는 다수의 사람들을 대표한다.

이는 전혀 새로운 게 아니다. 이미 전 세계 사람들이 여러 해에 걸쳐 세계무역기구와 세계은행 앞에서 피켓을 들고 항의 시위를 벌여왔다. 우리의 대중 매체에서는 별 관심을 얻지 못했지만 말이다. 어쨌거나 그들은 우리를 다른 나라들의 경제를 관리하고 통제하는 경제 정책을 추구하는 나라로 인식하고 있다.

몇 년 전 우리는 나이키 사가 마이클 조던에게 광고비로 2,500만 달러를 지불했다는 사실을 알았다. 이는 우리가 신는 테니스화를 만드는 모든 회사의 모든 아시아 노동자가 받는 연봉 총액의 두 배가 넘는 금액이었다. 세계의 많은 사람들은 왜 우리가 그런 사실에 어리둥절해하지 않는지, 왜 우리가 그것을 미국이 구사하는 이중 기준의 명백한 사례로 간주하지 않는지 이상하게 생각한다.

왜 똑같은 계획이 이 나라에서 작동하고 있는데도 우리가 그것을 보지 못하는지 그들은 이상하게 여긴다. 우리 노동자들이 받는 실질 임금은 30년 전보다도 적다. 반면에 빌 게이츠의 재산은 하위 40퍼센트의 미국인이 갖고 있는 전 재산을 합한 것보다 많다. 우리 노동자들은 수십 년 전에 비해 복지 혜택도 줄고 노동조합 수도 줄었으며 고용 안정성도 더 불안해진 상황에 놓여 있다. 그러는 사이에 최고 경영자들의 보수는 급상승했다. 비판론자들은, 이것이 미국의 경제 계획이며, 미국의 군대는 부유한 엘리트층의 이익에 이바지할 뿐이라고 이야기한다.

왜 세계무역센터의 쌍둥이 빌딩이 탐욕과 악의 상징으로 간주되는지, 왜 이집트 등지에서 어른이나 아이 할 것 없이 그 건물이 무너지는 것을 보고 그토록 환호했는지 여기에 그 이유의 일부가 있다. 그것은 그들이 우리의 자유를 증오하는 야만인이기 때문이 아니다. 우리의 파괴적인 경제 계획과 이를 위한 군사적 개입을 증오하는 노동자들이기 때문이다.

그들은 자기들이 우리의 군사력에 상대가 되지 않는다는 것을 알고 있다. 그러나 그들은 또 군사력으로 정면 승부할 필요가 없다는 것도 알고 있다. 그들은 베트남전에서 우리가 하는 것을 보고 배웠다. 우리가 게릴라나 테러리스트에 맞서 싸우는 법을 모른다는 것을. 스스로 자살 폭탄이 되어 기꺼이 목숨을 바치는 강력한 이데올로기 신봉자들을 어떻게 막아야 할지 모른다는 것을.

그렇다면 우리는 무엇을 해야 하는가? 어떻게 응답해야 하는가?

몇 가지 선택지가 이미 스스로 모습을 드러내고 있다.

몇몇 사람이 주창했고 우리의 대통령도 열렬히 바라는 것처럼 우리는 "아프가니스탄을 폭격하여 그곳을 석기 시대로 되돌릴" 수 있다. 여기에서 문제는 러시아 인들이 이미 몇 년 전에 그런 짓을 해봤다는 것이다. 아프가니스탄은 경제라고 할 만한 것도 없고 학교도 병원도 몇 안 되며 사회 · 경제적 기반 시설이라곤 전혀 없는, 굶주리고 무기력하고 절망적인 사람들뿐인 황량한 나라이다.

최근 나는 한 아프가니스탄 인이 인터넷에 올린 전자 우편 글을 읽었다. 그 글이 모두 정확한지는 몰라도 진실에 가깝지 않을까 생각한다. 그는 그 글에서 오사마 빈 라덴을 히틀러로, 탈레반을 나치 당원으로, 그리고 아프가니스탄 사람들을 포로 수용소의 유대인들로 본다면 그곳 상황을 바르게 이해할 수 있을 거라고 썼다. 아프가니스탄 사람들은 우리의 적이 아니다. 과거 남들에게 희생된 사람들일 뿐이다. 그럼에도 우리의 지도자들은 대중 매체의 민중 선동 능력의 도움을 받아 그들의 마지막 고달픈 삶마저도 사라지고 없어질 때까지 아프가니스탄을 폭격할 모양새를 갖춰나가고 있다.

우리가 듣고 있는 또 하나의 전술은, 이것을 아랍 인에 맞선 백인의 전투, 그리고 이슬람교도에게 맞선 기독교도의 전투로 전환시키는 것이다. 마약으로 얻는 대부분의 이익이 백인들 몫임에도 백인들로 하여금 블랙 크랙(흡연용으로 만든 정제 코카인—옮긴이) 중독자를 두려워하게 만든 이 전술을 통해 우리는 '마약과의 전쟁' 에서 훌륭한 성과를 거두었다. 이는 진짜 중요한 사건이나 책략이 아닌 다른 데로 우리의 주의를 돌리기 위한 '방향 오도 전술' 이다. 이 또한 힘을 얻어가고 있다.

앞의 두 전술과 결합하여 사용될 가능성이 있는 세 번째 전술은 시간도 오래 걸리고 희생도 많이 따르는 대규모 군사 행동이다. 이 또한 계획중으로 보인다. 아마도 이는 고스란히 현실이 될 것이다.

그러나 나는 이 임박한 전쟁 계획들로부터 물러서서 아주 다른 방식으로, 그러니까 우리가 훈련받아 온 방식과는 아주 다르게 그것들을 바라보고 싶다. 비판자들처럼 나 또한 이것이 무슨 고상한 덕이 아니라 경제적인 문제와 가장 깊은 관련을 갖는다고 간주하고 싶다. 그리고 이익이 발생해야 관심을 보이게 마련인 기업들에 의해서 이 일이 추진된다는 사실에는 다가오는 전쟁이 극적이고 참혹하리라는 암시가 담겨 있다.

'모든 악을 끝장내기 위한 수년에 걸친 대규모 전쟁' 이 시작된다면, 그 전쟁은 미국의 경제를 강력한 소수가 다수의 극빈자를 지배하는 경제로 전환시키는 데 가장 크게 기여하게 될 것이다.

· 개인적인 권리와 민주적인 자유가 '국가 안보' 를 이유로 제약될 것이다. 복종의 문화가 모든 파시스트들의 꿈인 하향식 위계 구조 형태로 쉽게 정착될 것이다.

· 종교가 민족주의 아래 포섭될 것이며, 통제색이 짙은 종교들이 정부

로부터 지지를 받게 될 것이다. 그리고 제리 폴웰과 팻 로버트슨의 모방자들이 미국 판 탈레반—실제의 탈레반보다는 힘이 약하지만 두려움을 자아내기는 마찬가지인—이 될 것이다.

· 전쟁 수행에 필요한 돈 수천억 달러가 향후 몇 년 동안 우리 경제의 잉여금을 모두 집어삼킬 것이다. 이에 따라 교육, 건강 보험, 실업 급여를 비롯해 여타 하층 계급의 사람들에게 삶이 조금은 나아질 거라는 가냘픈 희망을 주는 정부 지출금은 더욱 감소될 것이다.

우리 경제의 구조적 변화를 완수하고자 일하는 사람들은 이 시나리오에 대해 기발하다(혹은 뜻밖이다)는 반응과 동시에 그만큼이나 냉소적인 반응을 보인다. 만일 역사가, 그리고 탐욕과 권력의 본성이 어떤 징후를 드러내고 있다면, 우리 앞에 놓여 있는 것이 바로 그 징후이다.

또 하나의 선택지가 있다. 그것은 비용이 적게 드는 선택이다. 그것은 미국인뿐만 아니라 세계의 거의 모든 사람들에게 힘을 실어줄 수 있는, 또 실현 가능해 보이는 선택이다. 그것은 벌써 행해지고 있다. 아일랜드 사람들에게서 배울 수 있는 교훈이 그것이다.

아일랜드에서는 수십 년 동안 테러 행위가 삶의 일부였다. 그러나 1998년, 사람들의 비전과 의지가 갑자기 변했고 상황은 달라졌다. 1998년은 북아일랜드 오마Omagh에서 폭탄 테러가 발생한 해였다. 혼잡한 시장에서 자동차에 장착된 폭탄이 폭발하여 장을 보던 무고한 시민 수십 명이 죽고 200명이 넘는 부상자가 발생했다. 아일랜드 전역에서 그 다음 한 주 동안 추도 예배가 열렸는데, 이 자리에 모인 수많은 사람들이 "이제 됐어!"라고 외치기 시작했다. 이만하면 테러도 충분하고 폭력도 충분하다는 것이었다. 정신병이 심각한 일부 테러리스트들이 사람들을 위협해 테러와 폭력이 난무하던 예전의 죽음과도 같은 상태로 되돌리려 애썼지만, 최소한 지금까지는 그들의 시도가 성공하지 못하고 있다.

아일랜드 사람들은 비단 자신들에게 저질러진 폭력에 대해서만 "이제 됐어"라고 말하고 있었던 것이 아니다. 그들은 '모든' 폭력에 대해 이제 충분하다고 말하고 있었다. 그들에게 테러와 폭력은 더 이상 묵인하거나 받아들일 수 있는 방식이 아니었다. 불과 3년 전 일이기는 하지만 지금까지 아일랜드에서는 폭력도 테러도 일어나지 않고 있다.

미국 사람들도 잠에서 깨어나 "이제 됐어"라고 말할 수 있을까? 그러나 그 외침은 단지 "이슬람 테러리스트들의 폭력은 이제 충분해"에서 그쳐서는 안 되고 "미국 정부의 폭력은 이제 충분해" 하는 데까지 나아가야 할 것이다. 그것은 경제적 탐욕에 봉사하는 거만한 군사주의라는, 지난 수십 년 동안 우리를 특징지어 온 모습을 공공연히 거부하는 일이 될 것이다. 그것은 자기 나라가 다른 나라들에 폭력을 행사한다는 사실을 알지만 그 사실에 눈을 감는 선량한 독일인이 되기를 거부한다는 의미가 될 것이다.

아일랜드 사람들이 현재 보여주고 있는 용기 있는 행동은 세계의 대다수 사람들에게 힘을 실어줄 뿐더러, 지금의 미국인들에게는 미래의 세대들이 기억하고 숭앙할 지도자로서의 역할을 하도록 이끌 수 있을 것이다. 기독교도, 이슬람교도, 유대교도, 힌두교도, 불교도 등 어떤 이름으로 불리는 사람이건 지구상의 대다수 사람들은 폭력을 싫어하며 온갖 테러 행위에 혐오감을 느낀다.

평화롭고 존경할 만한 수단을 강력히 주장하는 쪽으로 돌아설 수 있을 만큼 마음을 강하게 끄는 비전을 찾기 시작한다면, 우리는 우리 정부의 탐욕스럽고 피비린내 나는 계획들, 자신들의 피가 아니라 우리의 피로 씌어질 그 계획들을 끊어낼 힘을 가질 수 있을 것이다. 우리는 역사의 얼굴과 경로를 바꿀 수 있고, 바야흐로 시작되고 있는 이 피비린내 나는, 미친 역사의 장을 피할 수 있을 것이다.

사무라이 전통에서 나온 이야기가 하나 있다. 사무라이들은 뛰어난 검술과 타협하지 않는 높은 도덕심 이 두 가지로 우리에게 잘 알려져 있었다. 한 사무라이 무사가 죽어 마땅한 행동을 한 악한을 바짝 뒤쫓고 있었다. 마침내 그 악한을 구석에 몰아넣고 죽이려고 다가섰다. 그런데 갑작스럽게 그 악한이 앞으로 나오더니 사무라이의 얼굴에 침을 뱉었다. 사무라이는 얼굴이 붉어진 채 칼을 칼집에 넣고 자리를 떠났다. 사무라이 문화에서는 고귀한 이유가 있을 때에만 남을 죽일 것을 요구했기 때문이다. 그 악한이 자기 얼굴에 침을 뱉은 순간 그는 깨달았다. 만일 지금 그자를 죽인다면, 그것은 개인적인 분노 때문이지 고상한 이상 때문이 아니라는 것을.

지난 화요일(9월 11일—옮긴이)에 우리에게 일어난 일이 그저 누군가를 시켜서 우리 얼굴에 침을 뱉게 한 행위와 어떤 식으로든 닮았다고 말하려는 게 아니니, 부디 그 점을 이해해 주길 바란다. 그건 아니다. 지난 화요일에 일어난 일은 피비린내 나고 비겁하고 야비한 대량 학살이었다. 그러나 그 사건은 우리가 우리의 지도자들과 대중매체들의 선동에 넘어가, 더 높고 고상한 동기가 아니라 분노 때문에 다른 많은 사람들을 죽이려는 지점에까지 다가서게 만들었다.

만일 우리가 그런 짓을 한다면, 그것은 우리 자신과 우리 나라의 품위를 손상시키는 짓이자 거의 대부분 아무 죄도 없는 사람들의 피로 땅을 가득 채워 흐르게 만드는 짓이 될 것이다. 미국이 자신의 가장 높은 소명에 따라 살아갈 때에 성조기를 흔드는 것은 좋다. 나 역시 그런 나라가 자랑스럽다. 그러나 복수심이라는 저급한 동기로 성조기를 흔드는 것은 우리의 역사를 명예롭게 하는 것이 아니라 망신시키는 것이다.

그러므로 만일 우리가 진실로 고상한 인격의 사람들이라면 우리가 여기에서 빠져나갈 길은 있어 보인다. 우리는 그 길을 받아들일 것인가? 우리는 "이제 됐어"라고 말할 집단적인 용기와 결의를 찾아낼 것인가? 나는 모른다. 나는 예언자가 아니라 한갓 목사일 뿐이다. 내가 지금 당장 할 수 있는 일은 기도밖에 없다. 지금 이것이 나의 기도이다.

10

9 · 11 그 후

2001년 9월 23일

어떤 세대든지 자신을 분명하게 드러내는 순간을, 다시 말해 세상은 우리가 생각한 것과 다르고, 우리 생각처럼 안전하지도 않으며, 어쩌면 생각한 것처럼 그렇게 천진하지도 않다는 것을 갑자기 깨닫게 되는 어떤 분기점을 이루는 사건과 맞닥뜨리게 되는 것 같다. 그 순간에, 천진함과 순수함으로 신뢰를 주고받던 세계로부터 새로운 세대가 갑자기 그리고 고통스럽게 빠져나온다. 그리고 그들은 다시는 그 세계로 돌아가지 못한다.

이런 순간들은 많지 않다. 그 순간들은 우리가 결코 잊을 수 없는 날짜가 되어 역사 속에 붙박인다.

· 1941년 12월 7일, "치욕의 그날"이 바로 그런 순간이었다. 그것을 이겨낸 사람들에게 다시는 세상이 결코 안전하게 느껴지지 않았다.(1941년 12월 7일은 일본군이 진주만을 공습한 날이다. ―옮긴이)
· 1963년 11월 22일은 나와 함께 성장한 사람들에게 잊을 수 없는 날이다. 존 F. 케네디 대통령이 텍사스 주의 댈러스에서 암살되었다는 소식을 들었을 때, 우리가 어디에 있었고 무엇을 하고 있었는지 우리는 모두 기억한다. 다시는 세상이 결코 천진하거나 안전한 것처럼 보이지 않았다.
· 1980년 12월 8일은 대학원생이었던 나를 불시에 덮쳤다. 그리고 그

날의 사건이 이십대들에게 얼마나 크게 영향을 미쳤는지 알고 나는 깜짝 놀랐다. 그날은 바로 비틀즈의 멤버 존 레논이 살해된 날이었다. 얼마나 많은 이십대들이 울며 서로 껴안았는지, 더 이상 안전하다는 느낌을 가질 수 없다는 얘기들을 했는지 기억이 난다.

그리고 이제 2001년 9월 11일이 잊을 수 없는 순간의 목록에 올랐다. 많은 사람들에게 이날은 세상이 안전하게 느껴지지 않은 첫 순간이었다. 이 엄청난 순간들에 우리는 천진함을 잃어버리고, 세상에 대한 순수한 신뢰를 잃어버린다. 삶이 완전히 신뢰할 만하다는 느낌, 신성하다는 느낌, 날 길러주는 기름진 곳이라는 느낌은 이 순간에 산산이 부서진다.

열이틀 전에 우리 모두가 경험한 것이 바로 그것이다. 그 다음에 오는 것은 여기에 있는 많은 사람들이 겪어보지 못한 것, 동시에 여기에 있는 다른 많은 사람들이 이미 겪어본 것이다. 그것은 위협, 소음, 그리고 어쩌면 전쟁과도 같은 것이다. 전쟁을 겪어본 사람처럼, 전파를 통해 전해지는 또 지도자들의 연설에 묻어나는 모든 감정들이 갑자기 매우 낯익게 느껴진다. 우리가 어떤 상태에 빠져들고 있는지, 그 다음에는 무슨 일이 벌어질지 내가 알고 있는 것처럼 느껴진다.

사람들은 위협을 받게 되면 공동의 정체성 안에서 하나로 뭉치는데, 전쟁은 우리가 발견할 수 있는 가장 오래되고 깊고 강력한 재결 속의 감정 중 하나를 제공한다. 당신은 공동의 적, 심지어는 나라도 종교도 국경도 없는 보이지 않는 적에 맞서 전쟁을 벌임으로써 2억 8천만 명이나 되는 한 나라의 국민을 하나로 묶어낼 수 있다. 그것은 우리를 하나의 목소리, 하나의 하느님, 그리고 하나의 목적을 가진 한 국민으로 묶어내기에 충분하다. 이는 매우 유혹적이다. 전쟁은 모든 것을 단순하게 만드는바, 복잡한 상황이 우리 모두를 압도할 때에 바로 그런 일이 생긴다.

전쟁은 우리로 하여금 모든 것을 매우 단순한 단색의 그림으로 보게 만든다. 너무도 단순해서 모든 나라가 우리 편 아니면 우리 적 둘 중 하나인 세계에서, 무한한 정의를 위한, 곧 모든 악을 끝장내기 위한 전쟁이라는 그림. 미국이 증오심을 품게 만드는 경제적·군사적 상황을 만들어왔다고 지난 수년 동안 영국과 유럽의 신문들이 지적했었다는 사실은 조금도 신경 쓰지 마라. 세계의 다른 지역들에서는 이런 이야기가 오직 함축적으로만 흐릿하게 씌어져왔다는 사실은 전혀 신경을 쓰지 마라. 여기에서는 흑 아니면 백밖에 없다. 우리 편이거나 우리 적이거나 둘 중 하나라는 카우보이 논리, 이 논리는 단순하지만 유혹적이다.

텔레비전 인터뷰들을 지켜보면서 나는 이 논리를 떠올렸다. 뉴스는 시청자들에게 미칠 영향을 염두에 두고 자를 것 자르고 보여줄 것만 보여주었다. 뉴스가 시청자들에게 미치고 싶어하는 영향은, 논쟁적인 문제들은 빼고 오직 하나의 목소리로, 그리고 하나의 목적 뒤에 있는 하나의 하느님을 가지고 우리를 결합시켜야 한다는 것이었다.

나는 네 번째 비행기의 승무원으로 있던 한 용감한 남자의 부인 인터뷰를 보았다. 그 남자는 비행기 탈취범들과 싸워 그들이 비행기를 또 다른 건물, 어쩌면 국회의사당이나 백악관 같은 건물로 돌진하게 내버려두지 않고 모든 탑승객들이 죽을지언정 차라리 땅에 충돌하도록 만든 승무원의 한 사람이었다. 그 남자는 동료들과 함께 절대적인 영웅이 되어 있었다.

그러나 거기에, 그 일로 자기들이 하느님에 대한 믿음을 얻었노라고, 사랑하는 사람들이 천국에 가 있으며 그곳에서 다시 만나게 되리라는 것을 알게 되었노라고 그렇게는 말하지 않았을, 영웅들의 수많은 친척과 친구 이야기는 없었다. 그 부인의 인터뷰는 적절한 종교적 메시지, 적절한 이미지, 그리고 국회의사당에서 막 들려온 방송용 연설을 뒷받침하는 적절한 단어들로 결합되어 있었다.

우리가 보는 뉴스는 어느 모로든 우리에게 보여줄 목적으로 용의주도하게 선택되고 선별되고 있다. 다르게 말하면 인쇄되거나 방송되지 않을, 설령 인쇄나 방송이 된다 해도 우리가 일 년 동안은 그런 것이 있었는지 찾아내지 못할 미묘한 차이, 이야기, 사실, 그리고 속내들이 있다는 것이다.

나는 이번 새로운 전쟁에서는 어떤 것이 그런 것들인지 모르지만, 우리의 지난 전쟁에서 용의주도하게 피해 나간 사실과 이야기에 어떤 것들이 있었는지는 조금 안다. 따라서 나는 1991년의 걸프 전쟁을 실례로 들어보겠다. 또 베트남 전쟁 당시 미국 국민을 속이기 위해 얼마나 복잡한 음모가 진행되었는지 알고 사람들이 엄청난 환멸을 느꼈던 국방부 비밀 보고서를 언급할 수도 있을 것이다. 그러나 나는 걸프 전쟁과 관련하여 두 가지 이야기만 하겠다. 그 중 하나는 당신도 들어보지 않았을까 싶다. 듣지 못했더라도 너무 걱정할 필요는 없다.

하나는, 걸프 전쟁이 선전포고되기 약 6주 전(걸프 전쟁은 1991년 1월 15일에 선전포고되었다—옮긴이)인 1990년 12월 3일자 《뉴스위크》지에 실린 한 단락짜리 기사 속에 등장한다. 우리가 쿠웨이트에 군대를 보내야 하는 이유가 수십만의 이라크 군대가 이미 쿠웨이트 국경선 너머까지 진격해 있어 이를 막으려면 대규모의 강력한 군대가 절실히 요구되기 때문이라는 이야기를 우리 모두 들은 지 몇 달 후, 우리는 "군대(쿠웨이트에 진격해 있다는 이라크 군대를 말함—옮긴이)는 어디에 있는가?"라는 제목의 짧은 기사를 《뉴스위크》지에서 읽게 된 것이다.

그 기사는, 일부 독자적인 연구자들이 인공위성 사진을 샀고 이를 해독하고자 은퇴한 CIA 사람들을 고용했다고 전했다. 그들이 사간 사진은, 이라크 군대가 쿠웨이트로 향하는 고속도로를 지나고 있다고 이야기되던 기간의 양국 국경 일대를 찍은 최근 인공위성 사진들이었다. 8월 중순의 사진 하나에는 이라크에서 쿠웨이트로

통하는 텅 빈 고속도로의 모습이 찍혀 있다. 한 지점에는 대규모의 모래 바람이 고속도로를 거의 3분의 2나 덮쳐 통행이 거의 불가능해 보였다. 11월 중순에 찍은 두 번째 사진도 똑같은 고속도로를 보여주고 있는데, 이 사진을 보면 모래 바람이 고속도로를 거의 전부 뒤덮고 있다. 8월과 11월 사이에 고속도로는 모래 언덕에 완전히 뒤덮였다. 어떤 군대도 그 길을 지난 적이 없는 것이다.

그 인공위성 사진들은 항공기의 형태까지 식별할 수 있을 정도로 정밀한 것들이었지만, 쿠웨이트 어디에서도 군대의 대형이나 주둔 모습은 보이지 않았다. 우리는 이라크 정예군인 공화국 수비대 약 2천 명이 쿠웨이트에 있었다고 생각한다. 그것은 대병력이긴 하지만, 20만 혹은 30만 명은 아니다. 군대는 어디에 있었는가? 그 사진들은 플로리다 주 세인트 피츠버그의 1991년 1월 6일자 신문 1면에 실렸다. 9일 후 일단 전쟁이 선포되자, 내가 알고 있는 한, 그 사진들은 그해가 끝나도록 미국의 어느 신문에도 실리지 않았다. 1991년 말, 매년 파수꾼처럼 그해의 일들을 추려서 보도하는《콜롬비아 저널리즘 리뷰》는 이 이야기를 1991년에 가장 축소 보도된 최상위 열 개 이야기 중 하나로 목록에 올렸다.

두 번째 이야기는, 이라크에 선전포고를 하고 미국 군대를 쿠웨이트에 보내기 위해 투표가 치러지기 직전에 일어난 일과 관련된다. 미국 상원은 불과 5표 차이로 전쟁 찬성을 가결시켰다. 그 투표는 나이라Nayirah라는 열다섯 살 먹은 어린 소녀가 그야말로 가슴에 사무치는 내용의 증언을 하고 얼마 안 있어 이루어졌다. 그 소녀는 자기가 쿠웨이트의 병원 육아실에 있을 때 이라크 군인들이 들어와 아기들을 총검으로 찌르고 인큐베이터에서 끄집어내 바닥에 내동댕이쳤다고 증언했다. 창자가 뒤틀리게 하는 역겨운 이야기였다. 투표 후, 상원 의원 중 최소한 여섯 명이 원래는 전쟁에 반대했지만 소녀의 증언을 듣고 나서 전쟁 찬성 쪽으로 마음을 바꾸었다고 공개적으로 말을 했다.

그러나 나이라가 말한 이야기는 완전한 날조였다. 그 소녀는 미국 주재 쿠웨이트 대사의 딸이었다. 쿠웨이트 인들은 미국이 자신들의—그리고 우리의—석유 이권을 지켜줄 군대를 파견하게 만들려면 그럴듯한 이야기로 미국을 납득시켜야 한다고 보고 이를 성사시키기 위해 힐 앤 놀튼Hill & Knowlton이라는 미국에서 가장 큰 홍보 회사 하나를 고용해 놓고 있었다. 그 이야기를 꾸며낸 곳이 힐 앤 놀튼이었다. 힐 앤 놀튼은 당시 쿠웨이트 근처 어디에도 가 있지 않았던 나이라에게 그 이야기를 리허설까지 하면서 준비시켰다.

지금 당신이 이런 사실을 몰랐더라도, 최소한 이 이야기가 전쟁 분위기가 고조되는 시기에 우리가 얼마나 완벽하게 또 얼마나 효과적으로 기만당하고 오도될 수 있는지 보여주는 하나의 척도가 된다는 것만큼은 알라. 왜냐하면 이런 일은 다시 일어날 게 확실하기 때문이다. 이번에는 무슨 사실과 이야기가 꾸며지고 은폐될지 나는 모른다. 하지만 이런 일은 다시 일어난다.

정치에서 일어나는 것과 똑같은 일이 종교에서도 일어난다. 전쟁의 신학은 어느 종교의 것이건 평화의 신학과는 매우 다르다. 기독교든 이슬람교든 또는 다른 무엇이든지 간에 그 평화의 신학에는 매우 크신 하느님만 있지 군대는 없다. 평화의 신학에서는 어떻게 우리가 모두 형제자매가 되는지, 어떻게 인종과 국가, 성性 사이에 어떤 중요한 구별도 있을 수 없는지에 관한 찬송을 부르고 시편을 읽는다. 우리 모두는 동일한 하느님의 자녀들이다. 그분은 매우 크신 하느님이다.

전쟁의 신학은 정반대이다. 교회들은 전쟁의 신학—또는 제국주의를 위한 신학—을 제공할 것으로 기대되며, 실제로 그런 신학을 제공한다. 그리고 지금 전쟁의 신학에는 매우 작은 하느님과 매우 큰 군대가 있다. 전쟁의 신학을 읽고 싶다면, 지금이라도 당장 읽을 수 있는 두 곳이 있다. 그것은 두 개의 다른 종교 안에 동일한 신학으로 있다. 당신은 그것을 탈레반의 진술에서, 그리고 제리 폴웰과 팻 로버트슨 같은 기독교 근본주의자 부류의 진술에서 분명하게 볼 수 있다. 바로 미국 문화의 성적인 측면들, 특히 해방된 여성, 낙태, 동성애에 대한 그들의 증오에서.

그것은 아주 작은 내집단과 아주 큰 외집단의 목록으로, 악의 근원에게 분노와 증오와 무기를 겨냥하게끔 초점이 맞추어져 있다. 이번 주에 들은 한 아메리칸 인디언의 이야기가 떠오른다.

어린 소년이 할아버지를 보러 갔다. 소년은 친구 한 명이 자기한테 아주 못된 짓을 한 데 화가 나서 복수를 하고 싶었고, 그래서 할아버지한테 어떻게 복수할 수 있는지 묻고 싶었다. 할아버지가 소년을 앉히고 말했다. "네가 어떤 감정인지 안다. 나도 그런 감정을 품어왔으니까. 나 역시나 증오와 분노의 감정, 피의 복수를 하고 싶다는 강한 욕구 같은 게 있었으니까. 그건 말이다, 마치 내 안에 늑대 두 마리가 있으면서 서로 내 영혼을 차지하겠다고 싸우는 것과 같지. 한 마리가 새끼들을 돌보는 착한 늑대, 필요할 때 필요한 만큼만 싸우는 평화로운 늑대라면, 다른 한 마리는 기회가 주어지면 언제든지 사방팔방으로 날뛰는 아주 성난 늑대란다."

그리고 할아버지가 덧붙였다. "이 늑대 두 마리는 한시도 내 안에서 내 영혼을 차지하려고 싸우지 않는 때가 없어." 소년이 잠시 생각하더니 말했다. "할아버지, 이해가 안 되는데요, 그럼 어느 늑대가 이기나요?"

할아버지가 대답했다. "내가 먹이를 주는 늑대란다."

늑대 두 마리가 지금 한 국가로서의 우리의 영혼을 차지하려고, 또 우리 개개인의 영혼을 차지하려고 싸우고 있다. 승리하는 늑대는 우리가 먹이를 주는 바로 그 늑대일 것이다. 나는 여기에서 이 문제를 해결할 수는 없다. 그러나 우리는 그것을 큰소리로 터놓고 말할 필요가 있다. 우리는 큰 고통과 아픔의 시간 속에 있다. 3천 명 이상의 사람이 죽임을 당했다. 이제 '다른 편' 이라고 불릴 사람들이 또 얼마나 많이 죽임을 당할지 우리는 전혀 모른다. 우리의 아픔,

우리의 깊은 단절감과 관련하여 무엇을 해야 할지 의문이 들지도 모른다.

우리에게 필요한 이야기가 하나 더 있다. 아들을 잃고 영혼 깊은 곳까지 슬픔으로 가득 차 있던 한 여인 이야기다. 여인은 한 현인(이 이야기는 불교의 《아함경》에 나오는 것으로 여기서 현인은 붓다를 가리킨다—옮긴이)을 찾아가서 말했다. "저는 너무 아파서 더 이상 살아갈 수가 없습니다. 아들을 잃은 슬픔이 너무 커서요. 제 아픔을 모두 가시게 할 어떤 마술이나 주문 같은 걸 당신은 분명 가지고 계실 겁니다." 현인은 말했다. "날 찾아오다니 참 다행이군요. 아픔과 슬픔을 가시게 할 마술이 있지요. 슬픔을 모르고 사는 사람 집에 가서 겨자씨, 아주 작은 겨자씨 하나를 구해 나한테 가져오기만 하면 됩니다."

그러자 그 여인은 이 집 저 집을 돌아다니기 시작했다. 부자들은 슬픔이라곤 전혀 모르고 살 거라고 생각한 그녀는 먼저 여러 궁전들을 찾아갔다. 하지만 어떤 궁전이나 성에서건 자식을 잃은 사람들, 끔찍한 비극을 겪은 사람들, 질병에 걸린 사람들, 온갖 재난을 당한 사람들 이야기를 듣고 또 들어야 했다. 이런 이야기를 들을 때마다 그녀는 발길을 멈추고 잠시 그들 집에 머물면서 그들을 도왔다. 슬픔을 느낀다는 것이 어떤 것인지, 그들을 어떻게 도와야 하는지 알고 있었기 때문이다.

슬픔을 겪은 가정과 사람을 찾아가 돕던 끝에 여인은 마침내 그 현인이 옳았음을 깨닫게 되었다. 고통중인 사람의 손을 잡기 위해 자기 손을 뻗은 그녀 내면의 씨앗이 바로 그 마술적인 겨자씨였다.

우리 앞에 놓여 있는 수많은 나날들 속에서, 이곳에서 또 다른 나라에서 고통받고 있는 사람들을 돕기 위해 우리의 손을 뻗는 방법을 찾을 수 있기를 나는 소망한다.

11

전쟁이라는 핑계 아래

2002년 4월 21일

어떻게 당신은 남들이 자기 계획을 버리고 당신 계획을 따르라고 명령하고 통제하는가? 어떻게 당신은 사람들을 식민지화하는가?

이것은 하나의 정치 쿠데타처럼 들리고, 그래서 우리는 군대, 총, 소란스러운 소리들, 그리고 화약 냄새 같은 것을 떠올린다. 하지만 이 소란스럽고 무례한 행동들은 당신에게 사람들의 머리와 가슴을 사로잡을 기회를 줄 뿐이다. 진실로 그들의 머리와 가슴을 얻고 그들을 식민지화하려면 더욱 섬세한 수단이 필요하다. 그럼에도 그것은 이렇게 간단히 표현될 수 있다. "사람들을 통제하기 위해 당신은 그들의 이야기를 쓸 필요가 있다. 당신은 당신에게 이로운 이야기 속에서 그들에게 보조적인 역할을 맡기고 그들이 이런 역할을 하고 싶게끔 만드는 게임의 법칙을 글로 쓸 필요가 있다."

대부분의 종교에서는 우리가 이야기들 속에 살고 있다고 가르쳐 준다. 이 이야기들은 우리의 인생 이야기, 우리의 신화, 그리고 우리에게 필요한 허구 같은 것들이다. 개인적인 수준에서 그런 얘기들은 많다. 예컨대 순수해라, 믿음직스럽게 굴어라, 열심히 일해라, 재치 있게 말하고 사람들에게 좋은 소리를 들어라, 당신이 우리에게 제대로 했다는 것을 입증해라 혹은 제대로 하지 못했다는 것을 입증해라 등등. 우리들 사이에서, 우리는 우리 인생 역할의 일부를 우리에게 할당하는 그와 같은 수백 가지 개인적인 삶의 각본을 갖고 있다.

그러나 오늘 나는 더 큰 이야기들을 하고 싶다. 나는 뒤로 한 걸음 물러서서 우리가 하나의 사회로서 살아남기도 하고 떨어져 나오기도 하는 이야기들을 바라보고 싶다. 이것 역시 복잡해질 수 있을 것이다. 하지만 나는 단순하게 하고 싶다. 그러기 위해 우리의 '공식' 이야기, 즉 우리가 민주주의를 행하고 있다는 이야기와, 대체로 우리 사회를 지배해 온 진짜 이야기, 즉 우리가 모종의 귀족 정치를 행하고 있다는 이야기를 고찰할 것이다. 민주주의는 높고 고상하게 들리는 이상理想이기는 하지만 실제로는 있을 법하지 않은 형태의 정부이다!

17세기 이래로, 미국 사회를 지배하고자 겨루어온 두 가지 아주 중요한 이야기가 있다.

그 이야기를 쓴 사람들 언어로는, 그것은 '인류의 주인들masters of mankind'에 의한 통치와 '다수의 인류majority of mankind'에 의한 통치 사이에서의 선택이었다. 소수에 의한 다수의 통치 혹은 다수에 의한 모두의 통치, 말하자면 귀족 정치와 민주주의 사이의 선택 말이다.

어느 것이 더 나은가? 우리는 모두 "물론 민주주의!"라고 답변하도록 교육받아 왔다. 하지만 오늘날도 그렇고, 심지어 이 방 안에서도 그렇듯이, 이에 대한 선택은 항상 나뉘어왔다. 미국 건국의 아버지라 불리는 상당수 사람들에게 영향을 끼친 영국의 철학자 존 로크John Locke는 당연히 귀족 정치가 더 낫다고 생각했다. 그는 대중을 신뢰하지 않았다. 그의 말이다. "날품팔이꾼과 상인과 실 잣는 여자와 젖 짜는 여자에게는" 그들이 무엇을 믿어야 할지 꼭 말해주어야 한다. "대부분은 알지 못하며, 따라서 믿어야만 한다." 아직까지도 많은 사람이 그에게 동의한다.

미국의 세 번째 대통령이었던 토머스 제퍼슨은 다른 편을 택했다. 그는 귀족 정치를 주장하는 이들을 가리켜 "국민people을 두려워하고 불신하며 그들로부터 모든 힘을 빼내 상류 계급의 손아귀에 넣어주기를 바라는 사람들"이라고 말했다. 그에 반해 제퍼슨이 말하는 '민주주의자들' 은 "자신을 국민과 일체시하고 그들을 신뢰하며 그들을 정직하고 안전한 존재로 여기고 소중히 한다."

한쪽의 이야기는 명령과 통제로써 통치하는 정부를 추구한다. 다른 쪽의 이야기는 권한의 위임과 신뢰로써 통치하는 정부를 추구한다. 당신은 이미 어느 쪽이 더 취약한지, 어느 쪽이 더 승산이 적은지 분명히 알 수 있다.

하지만 아직 전술적인 문제가 남아 있다. 예를 들어, 더 힘 있고 부유한 자들의 수가 눈에 띌 정도로 적을 때 그들은 이것을 어떻게 이뤄낼 것인가? 귀족 정치주의자들과 민주주의자들 사이의 이 전투는 전 역사를 통틀어 계속되었다. 미국의 역사가 시작되고 처음 150년 동안에는 이 전투가 마치 돈과 권력을 가진 사람들과 그렇지 않은 나머지 사람들 사이에서 지속적으로 벌어지는 전투처럼 보이는 때들이 있었다. 법정에서는 (이따금씩) 국민을 희생시키는 대가로 귀족 정치주의자들이 이익을 취하지 못하도록 제한하는 법률과 법령을 가지고 이들 귀족 정치주의자들을 규제하기도 했다.

선택의 기로에서, 미국 국민은 귀족 정치주의자들이 팔려고 애썼던 이야기를 사지 않았다. 사람들은 몇 안 되는 사람들의 종이 되어 인생을 허비하려 하지 않았다. 노동 쟁의, 독점 또는 독점금지법에 관한, 그리고 통치자들의 특별한 권력과 수완으로부터 다수의 권리를 보호할 목적으로 만든 여러 통치 형태들에 관한 긴 이야기가 여기에 있다. 당신이 미국의 역사를 좀 알고 있다면 이런 것쯤은 이미 알 것이다. 여기에 새로운 것은 없다.

그러나 20세기 들어 새로운 어떤 것이 대중 매체와 함께, 그것의 어두운 자식인 선전propaganda과 함께 등장했다. 제1차 세계대전 이후 선전은 미국 지도자들에게 강박 관념이 되었다. 초기의 선전 대가 중 한 사람은 이렇게 썼다. "선전은 단 하나의 목적을 갖고 있다. 그것은 대중을 정복하는 것이다." 선전은 소수가 다수에게 자신들의 이야기를 팔아먹기 위해 쓰는 도구이다. 몇 안 되더라도 두뇌가 명석한 환상가들은 매우 교활한 정보 조작, 감정적인 힘, 그리고—"하느님은 미국을 축복하신다"는 말에서처럼—기본적인 갈망과 강력한 상징을 가지고 온 나라를 바꾸고 통제할 수가 있다.

제1차 세계대전 후, 대서양을 사이에 둔 양편의 사람들은 모두 이 새로운 발명품에 관해 글을 썼다. 아돌프 히틀러는 영국인을 추켜

세우면서, 독일이 전쟁에서 패한 주된 이유가 선전 능력에서 영국인보다 크게 뒤졌기 때문이라고 말했다. 그는 영국인들에게서 이 능력을 배우기로 굳게 마음먹었다. 그리고 미국에서도 우드로 윌슨 대통령이 새로운 집단을 만들어 자기들이 바라는 쪽으로 미국인들을 끌어갈 선전 기법을 채택했다. 1920년대의 일이었다.

위대한 저널리스트 월터 리프만은 미국에서 선전술의 아버지라 할 에드워드 버네이즈와 함께 윌슨 대통령의 공보위원회에 속한 사람이었다. 버네이즈는 전시의 선전 수법들을 변형시켜 평화시에 기업이 민주주의에 대처하는 데 쓸 수 있도록 한 장본인이다. 전쟁이 끝났을 때 그는 이렇게 썼다. "전쟁 동안에 대다수의 대중이 국가적 목표에 동원된 것과 똑같이 이제 기업의 목표에도 동원될 수 있다는 것, 게다가 똑같은 방법으로 그렇게 할 수 있다는 것을 기업은 깨달았다."

그리고 그 결말은? 이들 초기 선전가 중 한 사람의 말이다. "만일 사람들이 우리 소수에게 국가를 차지하라고 내어준다면, 그들은 우리가 독재 정권을 세우리란 사실 또한 받아들여야 한다." 그리고 그렇게 민주주의는 끝을 맞는다. 일단 한 집단이 대중을 자신의 목적에 맞게 조작하는 법을 배우면, 민주주의는 죽고 그 자리에 독재 정권, 곧 소수의 통치, 귀족 정치가 들어선다. 방금 전의 인용문은 히틀러 정권에서 선전 업무를 맡았던 요제프 괴벨스Joseph Goebbels의 말이다. 대중을 "약하고 비겁하고 게으른 다수의 국민"이라고 묘사한 사람도, 선전의 한 가지 목적이 대중을 정복하는 것이라고 말한 사람도 역시 괴벨스였다.

그러나 대서양의 이쪽—미국—이라고 해서 대중이 조금이라도 더 높이 평가된 것은 아니다. 이때 대중이란 바로 우리를 의미한다는 것을 깨닫기 바란다. 월터 리프만은 "대중의 무지와 어리석음"에 관해 글을 썼는데, 그에 따르면 일반 대중은 자신들을 통치할 과업을 지닌 "책임 있는 사람들" 중 일부를 주기적으로 선택하는 것은 허락되지만 공적인 업무 수행을 간섭해서는 안 되는 "무식하고 참견하기 좋아하는 외부인"일 뿐이었다.

이것이 미국이라는 나라가 시작된 이래 귀족 정치가 필요로 해온 도구라는 것을 알겠는가? 선전의 발명, 그리고 제1차 세계대전 이후 이러한 선전의 즉각적인 사용은 20세기의 가장 중요한 이야기 가운데 하나다.

선전의 초기 시절, 사람들은 선전에 관해 매우 공공연하게 이야기했다. 사람들이 그런 이야기들을 하게 놔두는 게 썩 좋은 일이 아니라고, 선전 행위를 일상적으로 해오던 쪽에서 깨달은 것은 그 뒤였다. 1934년 미국 정치학회 신임 회장은 취임 연설에서 정부가 "무지하고 무식한 사람들"에게 휘둘려서는 안 되며 "지성과 힘을 갖춘 귀족 정치"의 수중에 들어 있어야 한다고 말했다.

월터 리프만은 여기에 덧붙여 "책임 있는 사람들이" 대중을 통치할 때, "갈피를 못 잡고 허둥대는 대중의 쿵쾅거리는 소리와 고함소리로부터 자유로울 수 있도록, 대중은 원래 있어야 할 자리에 있도록 해야 한다"고 말했다. 그 "갈피를 못 잡고 허둥대는 대중"은 바로 우리일 것이다.

이것은 미국이라는 나라를 누가 어떻게 다스리고 있는지 이해하려면 반드시 알아야만 하는 역사의 한 장이다. 하지만 우리는 정말 그것을 모른다. 당신은 그 이유가 무엇이라고 생각하는가?

알렉스 케리Alex Carey는 《민주주의의 모험*Taking the Risk Out of Democracy*》이라는 책에서 오늘날의 세계를 모양 지은 세 가지 핵심 발전이 20세기에 이루어졌다고 썼다. 민주주의의 성장, 기업 권력의 성장, 그리고 민주주의에 맞서 기업의 권력을 보호하는 수단인 기업의 선전 활동이 바로 그것이다.

대중을 겨냥한 기업의 선전 활동은 두 가지 주된 목표를 갖는다. 자유 기업 제도를 대중의 의식 속에서 그들이 소중히 여기는 여타의 가치들과 동일시하도록 만드는 것, 그리고 간섭적인 정부와 강력한 노동조합—기업의 완벽한 사회 지배를 제지할 수 있는 유일한 세력—을 폭정과 압제, 전복과 동일시하도록 만드는 것이다. 이를 위해 사용되는 기술은 '홍보', '기업 의사 소통', '경제 교육' 등 다양하게 불린다.

피고용자를 향한 기업의 선전 활동은 피고용자와 노동조합 사이의 연결 고리를 약화시키는 것이 목적이다. 대략 1920년부터 지금까지, 미국의 기업은 '기업의 선전 활동을 통해 관리되는 민주주의'

라는 이상을 향해 큰 발전을 이루어왔다. 기업 권력을 위임받은 사람들은 그들이 할 수 있는 최선의 투자 중 하나가 법 제정자인 정치인들을 매수하는 것임을 알았다.

선거 자금 개혁 법안을 통과시키려는 작금의 투쟁들은 기업 권력에 제동을 걸려는 시도이다. 그러나 지난 20년 동안, 주요 정치 입후보자들은 상당수, 아니 거의 대부분이 중고 BMW 같은 '고물 자동차들'이 되고 말았다. 선거판에서 경쟁하는 데 필요한 돈을 마련하려면, 그들은 대기업의 돈에서 대규모의 투자를 받아내야 한다. 그러므로 그들은 투자가들이 대중의 여물통에서 먹을 것을 물어가기에 알맞은 방식들로 토지 관련법을 뜯어고치고자 노력할 의무가 있는 것이다.

이것은 무엇을 의미하는가? 이는 환경 오염이나 독극물 방출 혹은 방사능 폐기물 매장에 관한 통제를 약화시키거나 제거하고, 그래서 몬산토 같은 화학 회사들이 지금까지 시험되지도 않았고 시험될 수도 없는 유전자 변형 유기물로 온 대륙의 밀과 옥수수를 오염시키도록 허용하는 것을 의미한다. 이는 기업이 지불할 세금을 감면해 주고 시민들에게 그 세금을 부담시키는 것을 의미한다. 이는 노동조합의 파괴를 의미하며, 하루의 정직한 노동으로 충분한 생활비를 버는 표준적인 시민의 능력보다는 주식의 가격에 따라 움직이는 것으로 경제를 재정의하는 것을 의미한다.

텍사스 주에 위치한 엔론Enron 사의 전임 CEO로서 조지 부시의 대통령 선거 운동 때 단일 규모로는 가장 큰 투자자였던 케네스 레이Kenneth Lay의 경우를 살펴보면, 선거에 투자한 원금이 어떻게 회수되는지 잘 알 수 있다. 이 투자에 대한 보답으로 레이는 정부의 규제 당국자들을 지명하고, 에너지 정책의 틀을 짓고, 그리고 해외의 조세 피난지 규제를 막을 수 있었다. 심지어 엔론 사는 "탈레반 관리들과 친밀한 접촉"을 가졌는가 하면, 다볼Dabhol 프로젝트(미국 대기업 엔론 사가 참여한 인도 마하라슈트라 주의 전력 민영화 사업—옮긴이)에 참여, 아프가니스탄을 관통할 계획이던 석유 수송관에 관계해 막대한 이익을 챙기려고까지 하였다.

이러한 협상들은 우리의 귀를 쫑긋 세우게 할 날짜, 바로 탈레반 정부가 미국에 아프가니스탄의 기반 시설을 재건축하여 줄 것과 석유 공급량 중 일정 부분을 지역에 공급할 수 있도록 도와줄 것을 요청했던 2001년 8월에 결렬되었다. 보도에 의하면 미국의 반응은 아주 간단명료했다고 한다.—"우리는 당신네를 황금으로 뒤덮든지 아니면 폭탄으로 뒤덮을 것이다." 탈레반은 정말로 테러리스트들에게 은신처를 제공한 대가로 멸망했는가? 아니면 텍사스 백만장자들의 야망을 채워주지 못해서 멸망했는가?

런던의 《가디언》지도 미국 국무부 관리들이 2001년 7월 초에 러시아와 파키스탄의 친구들에게 가을에 아프가니스탄을 침공할 수도 있는 계획을 가지고 있다고 알려주었다고 보도한다. 일단 우리가 새로운 전쟁을 시작하자마자, 이 전쟁은 부시 행정부가 선거 당시 기업 투자가들에게 한 약속을 이행하려고 계획해 온 일련의 것들에 은신처를 제공해 주었다.

세금을 소급해서 반환해 주는 형태로 2,120억 달러가 넘는 돈이 우리의 경제로부터 대기업들로 이전되었으며, 일부 반환금은 15년이나 소급 적용되었다는 글을 나는 3월 초에 읽었다. 엄청난 액수의 세금 반환을 가결해 준 것인데, 그 중 족히 90퍼센트 이상은 미국에서 가장 부유한 1퍼센트의 사람들에게로 갔다. 이것은 대통령 선거운동에 투자한 데 대한 보상의 일부이다.

독일의 《슈피겔》, 런던의 《옵서버》, 《로스앤젤레스 타임스》, MSNBC, CNN 등이 전한 모든 뉴스 보도들은 9 · 11 공격 이전에 미 행정부가 여러 경로로 많은 경고들을 받았다는 사실을 암시하고 있다. 심지어 미국 정부가 9 · 11 이전에 빈 라덴의 견고한 통신 시설을 파괴했다는 보도까지 나와 있다. 9 · 11 이전 미국 대사관들에 대한 폭격 사건에서 살아남은 자들은, 법정 기록으로 볼 때 미국이 당시 사전 경고를 받았음에도 대사관 직원을 보호하기 위한 아무런 조치도 취하지 않았다는 이유로 현재 미국 정부를 상대로 소송을 제기해 놓은 상태다. 똑같은 일이 다시 일어난 것인가?

나는 《휴머니스트》지 3 · 4월호에서 함께 돌려보았으면 싶은 기사를 하나 읽었다. 9 · 11을 며칠 앞두고, 9 · 11 이후 주식이 급락한 회사들에 대한 풋옵션put option(장래의 일정한 기간 내 혹은 일정 기일에 주식, 채권, 금리, 통화 등의 상품을 일정 가격으로 일정 수량 매각할 수 있는 권리—옮긴이)이 수천 주가 팔렸다는 기사였다. 한 회사의 주식 가격이 가까운 장래에 내려가리라는 데 돈을 걸겠다 할 때 투자가들이 풋옵션을 산다. 이런 회사 중 가장 눈에 띄는 회사가 아메리카 항공과 유나이티드 항공, 투자 회사인 모건 스탠리와 메릴 린치이다. 앞의 두 항공사의 비행기가 각각 쌍둥이 빌딩에 충돌했고, 뒤의 두 투자 회사의 사무실이 파괴된 쌍둥이 건물 안에 있었다.

9월 6일과 7일, 투자가들은 시카고 증권 거래소에서 유나이티드 항공의 풋옵션 4,744주를 샀다. 이와 동시에, 투자가들이 가격이 오르는 주식에 돈을 거는 콜옵션call option은 겨우 396주가 팔렸다. 9월 10일, 투자가들은 아메리카 항공의 풋옵션은 4,516주를 샀지만 콜옵션은 748주만 샀다. 9월 11일 이전 사흘 동안 투자가들은 세계무역센터 내 20개 층의 사무실을 차지하고 있던 모건 스탠리의 풋옵션 2,517주를 샀다. 그 전 주에 팔린 풋옵션의 양은 하루에 겨우 27주에 불과했다. 마찬가지로 투자가들은 세계무역센터에 사무실을 임대하고 있던 메릴 린치의 풋옵션 1만 2,215주를 샀다.

그러나 정부를 가장 당혹스럽게 하는 것은, 이 불가사의한 풋옵션 중 상당수가 현재 CIA 간부로 있는 버지 크롱가드Buzzy Krongard가 공식적으로 이끈 한 투자 회사를 통해 팔렸다는 사실이다.

전쟁을 틈타서, 우리의 미국적인 생활 방식, 우리가 시민으로서 갖고 있는 자유, 우리의 경제, 그리고 우리 민주주의의 그나마 남아 있는 흔적마저 잃어버릴 가능성이 크다고 나는 믿는다. 이렇게 되었을 때 우리가 남겨지는 곳은 과연 어디인가? 그것은 내가 가장 굳게 지니고 있는, 내게 가장 기본이 되는 일부 신념들에 나를 다시금 연결시켜 준다.

- 우리는 믿음을 잃을 수 없다. 우리는 우리 본성의 더욱 착한 천사들, 그리고 우리 지도자들의 더욱 착한 천사들에게 계속 호소해야 한다.
- 우리는 희망을 잃을 수 없다. 미래는 아직 씌어지지 않았다. 미래의 선택은 아직 열려 있다.
- 우리는 독선적이거나 비열하게 되지 않으려고, 혹은 우리 나라에 해를 끼치지 않으려고 노력해야 한다. 우리는 우리 나라가 길을 잘못 들었을 때 이를 비판하거나 심하게 꾸짖을 수 있고 또 그렇게 해야 한다. 그러나 우리는 사랑의 정신으로 그렇게 하려고 애써야 한다. 나는 사랑의 정신으로 힘차게 싸우지만 가끔은 이 정신을 잃기도 한다.

우리가 진정 비판적이면서도 사랑이 담긴 목소리로 대화에 참여할 수 있기를 나는 소망하고 또 기도한다. 우리가 몇 안 되고 우리의 노력이 하찮게 보일지라도, 대화에 참여하는 우리의 목소리는 우리와 우리 나라, 그리고 세계를 위해 꼭 필요한 것이다.

AMERICA FASCISM & GOD

4부 정직한 종교

12

하느님의 정당한 상속자

2004년 11월 28일

불교에서는 어린아이 이야기처럼 단순하고 심지어 우습게까지 들리는 근사한 이야기를 하나 들려준다. 그러나 그것은 일찍이 들어본 가장 혁명적인 이야기 중 하나이다.

한 사람이 금방이라도 무너질 것처럼 위태로운 강 한쪽에 서 있었다. 반면에 강 건너편은 안전한 곳이었다. 그래서 그는 통나무와 크고 작은 가지, 잎, 풀을 가져다 뗏목을 만들었다. 그런 다음, 안전한 건너편으로 손과 발로 뗏목을 저어 나아갔다. 강을 다 건넌 그는 어찌나 고마운지 그 뗏목을 버리지 못하고 등에 짊어졌다. 그리고 남은 평생 어디든지 그것을 짊어지고 다니기로 결심했다.

이 우화를 들려준 뒤 붓다가 수도승들에게 이게 좋은 생각인지 어떤지 물었다. 그들은 좋은 생각이 아니라고 말했다. 붓다도 제자들 생각에 동의하면서 이렇게 말했다. 뗏목은 한 번은 쓸모가 있었지만, 앞으로 가려는 길에는 뗏목이 아니라 다른 탈것이 필요하므로 이제 뗏목을 내려놓고 길을 가야 한다고.

만일 우리가 믿음을 어리석지 않고 지혜롭게 사용하려면, 우리 자신에 관한, 관계에 관한, 일에 관한, 우리 나라에 관한, 혹은 하느님에 관한 우리의 믿음을 실은 운송 수단을 바꿀 준비가 되어 있어야 한다. 권위 있는 누군가가 규정해 놓았다는 이유로 그 믿음들을 등에 지고 다니는 때가 아니라, 우리가 맞닥뜨리는 변화들을 통해서 우리를 도와주는 때에만 그 믿음들이 쓸모가 있기 때문이다.

이것은 일찍이 씌어진 이야기 중 우리에게 가장 크게 권한을 부여하는 이야기의 하나이다. 바로 이단을 고무하고 실험성을 인정하며 변화를 지지하기 때문이다. 우리가 믿는 종교보다도 더 우리를 신뢰하고, 언제 어떤 운송 수단이 필요한지 우리가 알리라고 믿어주며, 우리를 믿고 운송 수단을 바꾸도록 놔두기 때문이다. 그리고 그렇게 할 수 있는 권한을 우리에게 주기 때문이다. 이런 것을 당신이 종교에 적용한다면 당신이 언제 어느 곳에 있든지 화형에 처해졌을 가능성이 아주 높다. 그러나 그 이야기는 심원하고 지혜롭다. 가끔은 종교까지도 우리가 그 종교들의 정당한 상속자, 즉 성실함과 희망을 가지고 삶의 거친 변화들 저편으로 우리를 데려다주는 상속자를 찾을 때 내려놓아야 하는 뗏목들처럼 된다.

예를 들어, 워싱턴의 현 행정부가 자신이 하느님의 인도하심을 받고 있다고 주장하면 할수록, 그것은 더욱 호전적이고 탐욕스럽고 제국주의적이 되는 것처럼 보인다. 행정부 관리들의 말을 그대로 믿는다면, 그들은 기독교인, 최소한 하느님의 존재를 믿는 사람들이다. 왜냐하면 그들은 예수보다 하느님을 훨씬 더 많이 입에 올리기 때문이다. 그리고 그것이 '하느님God'이라는 단어가 우리 사회에서 정의되고 사용되는 방식이라면, 우리는 에이브러햄 링컨이 "우리 본성의 더 착한 천사들better angels of our nature"이라고 불렀던 것을 다른 방식으로 말해야 한다. 우리는 그것의 정당한 상속자가 필요하다. 그것도 시급히!

언뜻 듣기에 이는 그저 무례한 말처럼 들린다. 미국은 결코 기독교 국가로서 수립되지 않았지만, 이 나라가 시작된 이래 지금까지 기독교는 이곳에서 지배적인 종교이다. 그래서 우리가 기독교인이든 아니든, 우리 사회는 온통 기독교의 상징과 신화로 가득하다. 우리가 오늘 아침에 부른 ("얼마나 먼 길을 걸어봐야 사람은 비로소 인간이 될 수 있을까…… 바람만이 그 답을 알겠지"라는 가사의—옮긴이) 밥 딜런의 〈바람만이 아는 답Blownin' in the Wind〉이라는 노래는 저항 가요였다. 그리고 그 노래가 전하는 메시지는 부분적으로, 우리가 어떤 것을 품위 있음, 공손함, 그리고 평화로운 행동이라고 생각했더라도—우리의 더욱 숭고한 열망들이 어떤 수단을 탈것으로 삼고 있었더라도 그것들은 실패하고 있었다는 그런 내용이다. 우리는 부도덕한 전쟁에는 찬성하고 자국의 국민을 품위 있게 대하는 것에는 반대한, 그런 문화에 대한 정당한 상속자가 필요했다.

모든 신은 죽는다는, 위대한 신은 좀 천천히 죽겠지만 그렇더라도 여러 세기 동안 빈사 상태로 목숨을 겨우 부지할 수 있을 뿐이라는 사실을 역사는 우리에게 보여준다. 신들은 몇 가지 방식으로 죽을 수 있다. 신들을 떠받치는 우주론이 무너질 때, 신들이 더 이상 사람들 마음속에 열정이나 호감을 불어넣지 않을 때, 그리고 신들의 이야기와 상징이 높고 고상한 목적을 가진 사람들에 의해서가 아니라 낮고 천한 목적을 가진 목사, 정치인에 의해 아주 쉽게 강탈당할 때 신들은 죽을 수 있다. 그리고 이 모든 일이 지난 2세기 동안 우리 미국 문화에서 가장 으뜸가는 하느님에게 일어났다.

그러나 여기에 나의 물음이 있다. 왜 서구 종교들의 하느님은 상속자가 필요하며, 또 '정당한 상속자'가 된다는 것은 무슨 의미인가?

신이 죽은 종교임을 판단하는 한 가지 기준은 정치적인 것이다.—우리 시대에 매우 저급한 형태의 기독교만이 정치적 · 군사적 힘을 끌어당겼다는 점에서. 자기와 같은 부류의 기독교인, 즉 부자들에게 세금을 매기지 않고 사회 복지나 공교육 같은 것을 지원하지 않는 그런 부류의 기독교인이 운용하는 게 아니라면, 민주주의는 끔찍스러운 정부 형태라고 팻 로버트슨은 말해왔다. 그리고 목사인 제리 폴웰은 두 주 전 텔레비전 인터뷰에서 "우리는 테러리스트들을 추적하여 주님의 이름으로 사살해야 한다"고 말했다.

예수는 이 사람들을 몹시 싫어할 것이다. 충격을 받지 말라. 이것은 과장해서 하는 말이 아니다. 예수는 베드로를 사탄이라고 불렀다. 그것은 단지 베드로가 예수를 이해하지 못했기 때문이었다! 베드로는 사람들을 하느님의 이름으로 죽이라고 제안하지도 않았다. 예수는 이 사람들을, 그리고 그들이 팔아먹는 저급하고 증오에 찬 종교를 몹시 싫어할 것이다.

로버트슨과 폴웰 같은 사람들, 그리고 점점 더 늘어나는 못된 목사들의 하느님은 섬길 만한 하느님이 아니다. 그들의 하느님은, 사람들에게 서로를 사랑하라고, 서로에 대해 판단하지 말라고 가르쳤으며 우리 중 가장 작은 자에게 행한 것이 곧 자신에게 행한 것이라고 말한 예수의 훨씬 더 높은 가르침과는 아무 상관도 없는 하느님이다. 제리 폴웰이 예배하는 하느님은 편협하고 역겨운 그 자신보다도 훨씬 편협하고 역겨운 하느님이다. 그리고 얄궂게도, 성경을 손에 쥐고서 그토록 가증스럽고 잔인한 충고를 자랑스레 늘어놓을 수 있다는 것은 그가 실제로는 예수의 하느님을 전혀 믿지 않는다는 사실, 하느님이라는 개념 자체를 모욕한다고 해서 자기에게 아무 일도 생기지 않으리란 것을 알고 있다는 사실을 보여준다.

그것이 바로 그 종교가 신이 죽은 종교임을 보여주는 척도이다. 그리고 신들이 죽으면 그 시체는 거의 언제나 가장 못된 협잡꾼과 선동가의 손에 놀아나는 꼭두각시가 된다. 거꾸로 말해서, 그리고 중요한 것은, 신이 이런 사람들의 손에 놀아나는 꼭두각시가 되는 것이야말로 그 신이 죽어가고 있다는 징후라는 것이다.

이런 일은 전에도 벌어진 바 있다. 프랑코Franco(1892~1975)는 스페인에서 파시즘 독재 정권을 세운 뒤 가톨릭 교회에 힘을 실어주었다. 교회는 다시 한 번 여성과 가난한 사람, 그리고 자신들과 의견이 다른 사람들을 탄압하는 저급하고 비열한 역할을 떠맡았다. 하지만 프랑코의 통치가 끝나면서 교회의 권력도 끝났다. 사람들은 교회가 너무도 열심히 그리고 기꺼이 그보다 더 악독할 수 없을 것 같은 사람들에게 달라붙어 아첨하는 꼴을 보았고, 그 결과 마음으로든 정신으로든 교회를 믿지 않게 되었다. 오늘날 스페인에는 여러모로 미국보다 훨씬 자유주의적인 낙태 관련법들이 있다. 이는 교회가 사람들의 마음에서 권위를 잃고 있다는 징후이다. 종교가 너무도 자연스럽게 파시즘의 연인처럼 비쳐진 탓이다.

현재 스페인의 신임 총리 사파테로Zapatero는 가톨릭 교회에 대한 국가 보조금을 삭감하고 있으며, 교회가 그들에게 준 것보다 더 높은 도덕적 · 윤리적 기준을 가지고 완전히 세속적인 정부를 수립하겠다고 맹세하고 있다.

'그리스도 파시즘Christo-fascism' 이라는 문구가 미국 각지에서 점점 더 많이 등장하기 시작하고 있다. 구글을 검색해 보라. 조회 수가 갈수록 늘고 있음을 발견할 것이다. 어떤 사람들은 그리스도 파시즘이 미국에서 이미 생겨나고 있다고 느낀다. 나도 그런 사람 중 하나이다. 그리고 다시 한 번, 종교는 예수가 옹호했던 가난한 사람보다는 부자, 탐욕스러운 자, 힘 있는 자, 그리고 비열한 자를 위한 도구로서 훨씬 더 쓸모 있는 것처럼 보인다. 예수는 심지어 부자들은 천국에 들어갈 수 없다고 생각했는데도 말이다.

뗏목이 물에 뜨지 못하는(종교에서 신이 죽어가는—옮긴이) 두 번째 이유는 과학적이다. 기독교의 상징과 신화는 2세기도 더 전부터, 뛰어난 기독교 사상가들이 최소한 그때부터 이미 지적해 왔듯이, 현실 세계에서 그 뿌리를 잃어버렸다. 서구의 종교들은 하나의 실재being인 남성 신이라는 개념에 기초해 있다. 그 신은 걷고, 말하고, 보고, 듣고, 계획하고, 상을 주고, 벌을 내렸다. 이러한 일들을 하기 위해 그는 어딘가에서 살고 있어야만 했다. 그리고 마침내 그들은 신으로 하여금 천국에서 살도록 명했는데, 그들 생각에 천국은 하늘 바로 위에 있었다.

그러나 지난 2세기 동안 우리는 끝없는 우주를 빼놓고는 하늘 위에 아무것도 없다는 사실을 깨달아왔다. 신은 살 장소를 잃었다. 그리고 이는, 비록 이런 사실에 대해 말하고 싶어하는 사람이 거의 없긴 하지만, 보거나 듣거나 사랑하는 것과 같은 인간적인 일을 할 수 있는 종류의 신을 우리가 잃었음을 의미한다. 우리는 아직 이 심원한 혁명을 완수하지 못했다.

만일 누군가가 하느님은 당신이 뭔가를 행하기를 원한다고 말한다면, 당신은 다른 누구의 도움 없이 혼자 힘으로 어떻게 그 일을 확인할 수 있는지 물어야 한다. 만일 확인할 방법이 없다면, 그리고 어떻게 방법이 있을 수 있는지 불분명하지만, 그렇다면 그 명령은 신으로부터 오는 것이 아니다. 그것은 이 신의 시체를 자신들의 꼭두각시로 만들어 자신들이 주장하는 바를 섬기도록—종종 이를 위해 당신이 희생되기도 하지만—한 사람들로부터 나온 명령이다.

이제 우리는 기독교의 신화와 상징이 현대인의 의식 속에서 어떤 뿌리도 깊게 내릴 수 없는 모든 논리적 · 과학적 혹은 상식적인 이유들의 목록을 계속해서 만들어갈 수 있을 것이다. 그러나 그렇게 해서는 많은 것을 이뤄내지 못할 것이다. 종교들은 무엇보다도 세상에 관한 진리를 전달하는 매개체가 아니기 때문이다. 본래 종교란 불교 우화 속의 뗏목과도 같다. 즉 인간 조건에 대한 정직한 통찰과 지혜롭게 잘 살아가는 방법을 일러줌으로써 우리가 인간적인 딜레마들을 건널 수 있도록 해주는 뗏목과도 같은 것이다.

일단 종교로부터 도움을 받고 나면, 그것이 우리가 몸을 싣고 가기에 적합한 수단이든 아니든, 그때부터 죽 그 뗏목을 등에 지고 다니는 경향이 우리한테 있는 것은 사실이다. 그러나 이보다 더 참된 사실은 우리가 우리의 희망, 꿈, 열망, 그리고 부드러운 자비심에 어울리는 다른 탈것을 필요로 한다는 것이다. 가장 목소리가 크고 권력이 있는 목사들과 추종자들은 그렇지 않을지라도, 기독교 최고의 이야기와 가르침들은 그것들을 존중한다.

그러므로 뗏목을 내려놓는 것만으로는 불충분하다. 하느님의 정당한 상속자가 우리의 열망을 실어 나르고 우리가 더 나은 삶을 살 수 있도록 도와야 할 것이다.

도덕이나 윤리 어느 것도 종교를 자신의 전달 수단으로 삼지 않는다.—이는 좋은 소식이다. 예컨대 유럽 어느 지역을 가보아도 종교는 이미 설득력을 잃었다. 영국인과 프랑스인의 겨우 1~2퍼센트만이 교회에 나가고, 독일에서는 그보다 겨우 몇 퍼센트가 더 나갈 따름이다. 그리고 일본은 공식적으로 세속적인 나라이다. 우리와 훨씬 더 가까이 있는 캐나다 역시 마찬가지인데, 캐나다가 가톨릭과 맺고 있는 관계는 장식품 수준밖에 되지 않는다. 그러나 이런 문화들은 최소한 미국 이상의 도덕적 기준을 갖고 있다. 예를 들어 그들 나라는 모두 우리보다 유아 사망률이 낮고 교육 수준은 더 높다. 또 기본 건강 보험 혜택을 받지 않는 사람의 수가 우리보다 훨씬 적으며, 65세 이상 시민의 생활 수준은 더 높다. 독일과 네덜란드의 경우, 시민들은 누구나 원하기만 하면 대학 교육을 무료로 받을 수 있다. 스스로 생각할 수 있도록 교육받은 시민이 명령에 무조건 복종하는 무식한 시민보다 낫다고 정부가 믿기 때문이다.

이것들이 단순히 '정치적인' 가치에 지나지 않는다고 생각하지 마라. 이는 대단히 종교적인 가치들이다. 이런 가치들은 이들 국민의 영혼을 보여준다. 이들 국민이 다른 나라의 국민을 어떻게 여기는지, 자기들의 가장 취약한 구성원을 어떻게 대하는지, 그리고 '낙태를 반대하는' 그들의 태도가 부정직한 수사인지 아닌지를 보여준다. 예수가 말했듯이 열매를 보면 나무를 알 수 있다고 할 때, 미국은 선진 세계에서 가장 덜 종교적이고 가장 몰인정한 나라이다!

따라서 우리는 현재보다도, 비록 공식적인 의미에서는 훨씬 덜 종교적일지 모르나, 더욱 도덕적이고 윤리적인 나라들로 이루어진 세계를 간절히 고대한다. 어떤 이들은 이를 모든 종교가 나쁘다는 의미라고 받아들일지 모르지만, 나는 나쁜 종교는 뜨거워진 멧목처럼 등에서 내려놓아야 한다는 뜻으로 말하고 있다. 개인적으로도 또 집단적으로도 나는 우리가 더욱 적합한 종교, 그리고 국가가 정책을 통해 하는 것보다 타인에 대해 훨씬 더 적합한 의미의 동정심과 책임감을 키워나가기를 원한다. 기독교나 여타 종교가 더 저급한 수준으로 내려앉지 않고 더 높은 수준의 열망에 부응할 수만 있다면, 그런 일은 이들 종교 안에서도 일어날 수 있다. 또 무슨 조직화된 종교가 없더라도 그런 일은 일어날 수 있다.

그러나 그런 일이 어디에서 일어나건 간에, 그것은 우리와 우리 국민을 고무시켜, 오늘날 세계 대부분의 나라들이 싫어하고 증오하는 탐욕스럽고 이기적이고 제국주의적인 나라로부터 방향을 틀게 할 필요가 있다.

내가 생각하기에 하느님의 정당한 상속자는 다음 일곱 가지를 갖추어야 할 것이다.

1. 그것은 우리 시대 최고의 과학이 발견한 것들과 일치하고 또 그것들에 근거한 현실이어야 한다. 콜로라도 강의 대협곡 그랜드 캐니언이 겨우 6천 년밖에 안 되었다고 속인다면 그것은 주의력 있는 열두 살짜리 아이의 지성을 모욕하는 것으로 우리에게는 어울리지 않는 짓이다. 만일 당신이 진리를 섬길 수 없다면 하느님 또한 섬길 수 없다. 무지한 이데올로기는, 파시즘과 그 종교적 형태인 근본주의 아래서가 아닌 한, 진리를 이기지 못한다.
2. 그것은 포괄적이고 광대한 것이어야 한다. 그리스 인들은 완성된 인간 존재를 일련의 동심원으로 묘사했다. 중심에 개인이 있고, 그 다음에 개인의 의식과 동정심, 책임감을 확대시킨 관계들이 있었다. 그 다음으로 친구들, 다른 시민, 그리고 사회가 있고, 그 다음으로 세계, 전

체 역사, 그리고 모든 높은 이상들—종종 신들과 연관되기도 했지만 2,400년 전 그리스 인들의 경우 우리 자신의 더욱 충만한 인간성과 연관지었던—이 있었다.

3. 그것은 강제적, 심지어 명령적인 것이어야 한다. 빛을 볼 수 있기 전에 '죄가 있음'을 느낄 필요가 있다는 보수주의 기독교인들의 말은 진실이다. 우리는 더 높은 가능성들에 관해 듣기만 해서는 안 되고, 그것들에 의해 각성되고 '죄가 있음을 깨닫고' 변화되어야 한다.

4. 3세기에 오리겐이 표현한 바 있듯이, 그것은 "우리에게 쓸모 있고 하느님께 합당한" 것이어야 한다. 그리고 '하느님'은 우리가 명확히 표명할 수 있는 일련의 가장 높은 요구, 가장 높은 이상, 가장 포괄적인 태도, 그리고 가장 큰 노력을 요하는 삶을 의미한다. 예수를 비롯해 많은 사람들이 말했듯이, 그 길은 매우 좁아 그리로 들어가는 사람은 많지 않다.

5. 그것은 우리가 상상할 수 있는 가장 크고 가장 포괄적이며 가장 동정심이 큰 틀이어야 한다. 그렇지 않다면 그것은 하느님의 정당한 상속자는 말할 것도 없고 '하느님'이라는 이름에도 어울리지 못할 것이다. 그리고 그것은 심리학, 정치학, 종교, 혹은 민족주의가 할 수 있는 것보다 더 많이 우리를 받아들이는 동시에 더 많이 우리에게 요구하는 것이어야 한다. 왜 그것은 더 커야만 하는가? 왜냐하면 사람들이 서로 충돌하는 수많은 믿음을 갖고 사는 다원주의 세계에서 당신은 더욱 큰 신 아니면 더욱 큰 군대가 필요할 것이기 때문이다. 민족주의

와 제국주의의 길은 늘 군대를 지지한다. 하느님이라는 이름이 불러내는 것이 그 무엇이든, 더욱 큰 하느님 개념에 도전해 보고 그것을 명료하게 표명하는 것이 정직한 종교의 길이다.

6. 그것은 우리에게 생명을 주어야 한다. 생명을 주는 것은 신의 표지이다. 사람들이 자신들의 신과 맺는 기본 서약은 늘 같고 또 매우 단순하다. 우리는 "나는 몸과 마음과 정신을 다하여 당신을 섬길 것입니다. 내 생명을 당신을 섬기는 데 바치겠습니다"라고 말한다. 그렇다면 우리가 신으로 삼은 일체의 것은 살 만한 가치가 있는 삶을 우리에게 주어야 한다. 이 일을 할 수 없는 신은 가짜 신이다.

7. 그것은 우리 사회가 공인된 기독교의 깃발 아래 제공하는 뗏목보다 더 큰 운송 수단이어야 한다. 우리는 자신들의 인간성을 완전히 발현시키고자 애쓰고 있는, 하느님의 자녀로 자라기 위해, 자신들의 불성佛性을 깨닫기 위해, 아트만atman이 참으로 브라만과 하나임을 이해하기 위해, 도道의 리듬과 규칙을 화현化現하기 위해, 그 무한하고 영원한 정체성으로부터—그만 못한 것으로부터가 아니라—행동하기 위해 애쓰고 있는 무수히 많은 세대의 마음과 정신 속에 위대한 종교들이 계속해서 살아남을 수 있도록 도와온 지혜를 실을 더욱 큰 운송 수단이 필요하다.

개별 종교들의 전문 용어가 다 다르긴 하지만, 이 모든 것들은 똑같은 것을 말하고 있다. 그러나 다원주의 세계에서 전문 용어는 우리를 분리시킬 뿐이다. 우리는 한자리에 모일 필요가 있다. 우리가 실제로 믿는 것을 보통의 언어로 말할 수 있어야 하고, 그래서 타종교인들이 우리를 이해할 수 있고, 서로 별반 다르지 않다는 것을 인식할 수 있어야 한다는 말이다. 우리가 이런 것들을 보통 언어로 말할 수 있으면 있을수록, 국적이나 종교가 무엇이든지 간에 훌륭한 인격을 가진 사람들과 의사소통하기가 더 쉬워질 것이다. 이런 것들이 모든 품위 있는 종교의 목표이기 때문이다. 그러므로 이 같은 재탄생은 기존의 어떤 종교 안에서도 일어날 수 있다.

그 다음 단계, 즉 한때 하느님이라고 불렸던 것의 정당한 상속자를 발견하는 것은 사람들이 내디딜 수 있는 가장 크고 가장 중요한 걸음의 하나이다. 아주 많은 일들이 그렇듯이, 그것은 한 번에 한 걸음씩 이루어진다.

그렇다면 당신은 여기에 얼마간 시간을 쓰겠는가? 당신이 실제로 믿는 것이 무엇인지, 당신이 듣고 있는—그리고 우리의 가장 못된 지도자들로부터 더 많이 듣게 될—하느님에 관한 언명들보다 당신을 더 잘 인도할 수 있는 것이 어떤 믿음이라고 생각하는지 묻는 데 얼마간이라도 시간을 써라. 우리는 우리 모두 이 일에 함께한다고 말한다. 하지만 먼저 삶의 지침이 될 만한 가치 있는 믿음을 찾아야 한다. 이제 당신이 말을 움직일 차례다. 이제 우리가 말을 움직일 차례다. 늘 그렇듯이.

13

최고의 이상들을 종교로부터 구하기

2005년 1월 2일

옥스퍼드의 성공회 사제 자일스 프레이저Giles Fraser 신부가 영국의 일간지 《가디언》에 쓴 논문을 크리스마스 이브에 누군가 나에게 보냈다. 논문 중 일부를 당신과 나누고 싶을 만큼, 그는 예수의 종교와 예수에 관한 종교를 아주 잘 구별하고 있다.

> 니케아의 기독교(325년 콘스탄티누스 황제의 주도로 열린 니케아 종교 회의에서 인정된 정통 기독교를 말함. 이 회의에서 기독교의 정전이 확정되고 삼위일체설을 부정한 아리우스는 이단으로 몰려 추방되었다—옮긴이)는 크리스마스와 부활절의 종교이다. 다시 말해 그 혁명적인 수사학으로 우리에게 충격을 주기에는 너무도 젊은 혹은 너무도 많이 고뇌한 예수에 대한 축전 의식이다. 추종자들에게 부와 권력, 폭력을 포기할 것을 요청하는 성인成人 예수는 침을 꿀꺽거리는 아기와 비명 소리 지르는 희생물을 위해 무시된다. 그와 같이 니케아의 기독교는, 어떻게 돈을 써야 하는지, 전쟁에 나갈 것인지 말 것인지 같은 문제에 관해서는 아무 말도 하지 못하는, 재갈 물리고 미화된 구세주를 숭배하는 신자들의 편리함의 종교로 쉽게 전락하고 만다.
>
> …… 이와 비슷하게, 현대의 복음주의 합창들은 예수의 이름을 드높여 찬양하지만, 자기의 열렬한 신도들을 괴롭히는 정치적 · 경제적인 이야기는 거의 하지 않는다.

…… 콘스탄티누스와 마찬가지로 조지 부시는 자신의 군사적 야망을 유지하고 정당화하기 위해 기독교의 언어를 빌려왔다. 그리고 콘스탄티누스의 기독교와 똑같이 이 새로운 로마의 기독교는 조심스럽게 편집된 또 다른 성경 판본을 제시한다. 원수를 용서하고 오른뺨을 치거든 왼뺨을 돌려대라고 이야기하는 종교는 다시 한 번 군복무에 밀려난다.

부시는 "예수 그리스도가 나의 삶을 변화시켰다"고 주장할지도 모른다. 하지만 예수는 그의 정치를 변화시키지는 못한 것처럼 보인다.

규범적인 기독교는 예수의 메시지와 무관할 뿐더러 또 그 메시지를 죽어 마땅한 원수처럼 억누르기 위해 존재한다고 이 글은 이야기하고 있다. 하지만 프레이저 신부는 예수와 무관한 복음주의 종교에 대해 그것이 당연히 받아야 할 평가는 아직 하지 않고 있다. 신학적 평가도 하지 않는다. 그는 복음주의 종교가 인간 예수를 완전히 배반했다고 지적하는 것만으로 녹초가 되어버린 듯하다. 그러나 정치적 평가—복음주의 종교가 군사력과 경제적 탐욕을 섬기고 있다는—는 오늘날 적어도 미국에서는 과거 어느 때보다도 더 강력하다.

이러한 정치적 평가는 음악계 쪽 이야기 하나를 떠올리게 한다. 나는 이 이야기를 미국에서 '그리스도 파시즘'이라 불리는 문자주의적 기독교의 발흥을 살펴보는 렌즈로 사용하고 싶다.

작곡가 클로드 드뷔시가 젊었을 때 음악 비평가로 돈을 벌었다. 한번은 음악과 연극, 연출 등 거의 모든 분야에서 인정받는 대가 리하르트 바그너의 새 오페라를 비평했다. 대다수 사람들은 바그너를 음악의 새 시대를 연 인물로 여기고 있었다. 그러나 드뷔시는 뭔가 다른 점을 보았다. 그는 "바그너는 일부 사람들이 오해한 것처럼 뜨는 해가 아니라 지는 해다"라고 썼다. 모든 사람이 바그너를 주목하고 있는 상황에서 드뷔시는 그를 한 시대의 종말로 간주한 것이다. 그리고 역사는 드뷔시가 옳았음을 보여줬다.

수십 년 동안 몇 가지 점에서 서구 종교의 하느님은 죽었다고 이야기되어 왔다. 그러나 오늘날 '하느님' 이라는 단어는 심연의 밑바닥까지 끌어내려졌고, 세계의 신문들이 전하는 이야기들을 훑어보면 알 수 있듯이 거의 모든 문명 세계가 미국이란 나라에 대해 부끄러워하고 혐오스러워할 정도로 엄청난 탐욕과 경제적 불평등, 제국주의, 전쟁, 그리고 죄 없는 이들에 대한 대량 학살을 승인하는 데 쓰이고 있다.

여기에서 세 개의 논리적 경로를 볼 수 있다. 그 중 오직 두 개의 경로만이 실행될 수 있고, 결국에 가서는 오직 하나의 경로만이 실제 효과를 낼 수 있겠지만 말이다. 실제로 효과를 내지 못할 경로란, 종교와 그것이 상징하는 모든 것을 포기하고, 순전히 정치적인 이데올로기 때문에 전쟁에 나서는 것이다. 이 경로는 내 눈에 비친 최근의 선거 모습과 닮은 구석이 있다. 그러나 종교는, 그것이 최선의 모습일 경우, 우리가 분명히 표명할 수 있는 최고 이상들의 근원을 보존하고 주장하는 것에 가깝다. 그리고 그 이상을 추구하지 않고 포기한다는 것은 내게는 제정신이 아닌 것처럼 보인다.

두 번째 경로는, 자일스 프레이저 신부가 바라는 길, 곧 규범적인 기독교로 하여금 아기 예수와 십자가를 중심으로 만들어진 초자연적 신화들이 아니라 예수의 고되고 혁명적인 가르침을 따르는 쪽으로 방향을 틀도록 요구하고 또 그렇게 밀어붙이는 길이다. 이것은 자유주의적인 복음주의 잡지 《체류자들*Sojourners*》의 존 쉘비 스퐁John Shelby Spong 주교와 짐 월리스Jim Wallis 같은, 사실상 모든 기독교인 학자들과 온건한 자유주의적 목사들이 스스로 취할 수 있기를 바라는 길이다. 나는 그들에게 행운이 있기를 바란다. 하지만 나는 그들이 한 번에 성공할 수 있다고는 생각하지 않는다. 프레이저 신부가 말했듯이, 기독교라는 종교는 지혜롭게 잘 사용되기보다는 잘못 사용되기가 훨씬 더 쉬워졌다는 게 고통스럽지만 너무도 분명해졌다.

그러나 이는 서구의 세 가지 주요 종교가 다 마찬가지다. 이 세 종교, 곧 유대교, 기독교, 이슬람교의 하느님은 가장 못된 부류의 사람들 손에 놀아나는 꼭두각시가 되었고, 그들 사이에서 자기 종교의 가장 그럴 듯한 안식처를 발견해 왔다고 나는 생각한다.

이스라엘은 성경의 위대한 예언자들이라면 두말없이 비난했을 폭력적이고 살인적인 방식들로 팔레스타인 사람들을 억압하고 있다. 그들의 하느님은 무상 토지 불하 및 복수와 폭력의 승인을 위해 쓰일 뿐이다. 그런가 하면 이슬람 근본주의자들은 알라의 99개 이름에 누구도 떼어낼 수 없을 만큼 두텁게 진흙 칠을 해왔다. 그들은 알라에게 전혀 어울리지 않는 야만적이고 사악한 가부장제를 앞장서서 옹호하고, 살인과 자살 폭파범을 자랑삼아 떠벌이며, 말을 할 때 피와 폭력 그리고 죽음이라는 용어를 사용한다. 아마도 마호메트는 그들에게 혐오감을 느낄 것이다. 하지만 그들에게 반대하는 온건하거나 자유주의적인 이슬람교도의 목소리는 별로 들리지 않는다. 성경의 하느님은 다시 한 번 우리 중 가장 못된 사람들의 야만적 · 살인적인 손에 놀아나는 꼭두각시로 변했으며, 이 세 종교 중 어느 것을 믿는 사람도 그들을 멈추게 할 수 있거나 멈추게 할 의사가 있어 보이지 않는다.

드뷔시가 바그너의 오페라에 관해 쓴 음악 비평이 떠오르는 대목이 바로 이 지점이다. 이 잔인한, 신에 대한 경외심이라곤 없는 서구 종교의 변형물들은 단연코 폭력과 살인으로 권력의 고삐를 쥐고 있다. 그들은 모두 그들 각자가 서 있는 언덕의 왕들이며, 그들의 거만한 대변인들은 이것이 그들의 통치에 의해 펼쳐질 새롭고 피비린내 나는 한 시대의 출현이라며 자랑한다.

나는 그렇게 생각하지 않는다. 그 대신 종교에 대한 이 비열하고 이기적이고 거만한 왜곡들은 신이라는 상징이, 그 신을 시궁창에서 건져낼 만큼 품위 있고 용감한 사람들을 매혹시킬 힘이 더 이상 없음을 보여준다는 것이 나의 생각이다.

프랑코가 죽고 독재가 끝난 후 스페인에서 이런 일이 일어났음을 나는 앞에서 언급했다. 프랑코는 가톨릭 교회를 자신과 함께 권좌에 앉혔다. 그리고 그가 죽은 후 사람들은 교회로부터도 권력을 제거하기 시작했다. 그것은 우리가 믿음을 갖기에는 너무도 저열한 동기들의 너무도 쉽고 열렬한 동맹이었다.

그리고 나는 이런 일이 미국의 기독교에서도 일어날 수 있다고 생각한다. 나는 이스라엘 혹은 이슬람 세계에서의 종교 상황에 관해 뭔가 이야기할 만큼 충분히 알지는 못한다. 그러나 나는 하느님이라는 상징이 신뢰받을 만한 자격을 잃은 것도 무리가 아니라고 할 만큼 이곳 미국에서 나쁜 목사와 정치인들이 예수와 하느님을 자신들의 탐욕스럽고 제국주의적이며 살인적인 음모 속에 포함시키는 것을 충분히 봐왔다.

그러므로 내가 생각하기에 가장 흥미로운 세 번째 경로는 제도 종교로부터 우리의 최고 이상들을 바로잡아 내는 것, 그리고 그것들을 모든 사람들이 사용하는 보통의 언어로 표현하기 시작하는 것이다. 이것은 교회와 신자들의 권위를 뒤엎는 일이 될 것이다. 예수와 고대의 히브리 예언자들 또한 바로 그런 일을 했다. 그것은 우리가 교회를, 그들이 탐욕의 용병으로 뒤바꿔놓은 하느님의 이름으로 우리를 판단할 도덕적 권리를 갖고 있는 척하는 모습이 아니라, 그들이 우리의 이상을 얼마나 잘 섬기는가 하는 것으로 판단할 것임을 의미한다.

이것은 너무 큰 과업처럼 들린다. 그런 일을 할 수 있는 것처럼 구는 것은 비현실적으로 보인다. 그러나 할 수 있다. 사실 우리는 그런 일을 늘 하고 있다.

여러 세기 동안 몇몇 아주 훌륭한 신학자들이 말해왔듯이, 신들은 우리가 의식儀式과 신조로 포장하고, 예배 의식 속에 감추며, 우리 본성의 더 착한 천사들을 보호해 주리라 믿는 상징들이다. 그러나 이상은 신들이 아니라 우리에게 속해 있다.

약 164년 전 루트비히 포이에르바흐Ludwig Feuerbach라는 독일의 위대한 신학자는, 신들의 모든 속성은 '우리'가 우연히 찬미하게 된 것들이며, 우리는 우리의 종족이나 나라에 고귀한 이상들을 투사하는 것과 똑같은 방식으로 우리가 만들어낸 신들에게 그런 속성들을 투사한다고 썼다. 그리고 206년 전, 포이에르바흐의 스승이었던 프리드리히 슐라이어마허Friedrich Schuleiermacher라는 신학자는 종교란 우리가 완전한 인간이 되도록 돕기 위해 만들어진 순수한 인간의 발명품이라고 썼다. 그는 이렇게 덧붙였다. "종교가 제대로 작동한다면 그보다 더 중요한 인간의 발명품은 없다."

이것은 우리가 해야 할 진지한 일이 있다는 것을 의미한다.

그것은 우리가 개인적으로 부적합한 종교를 떠날 때에 행하는 것을 한 사회로서의 우리가 행할 필요가 있음을 의미한다. 우리는 교회와 목사의 사적인 소유물로 요구되는 전문 용어가 아니라 보통의 언어로 우리의 이상을 표현하는 더욱 적합한 길을 찾을 필요가 있다. 그것이 내가 생각하기에 오늘날 미국이 직면한 가장 중요한 종교적 과업이다. 우리의 이상을 다룰 자격이 없는 종교들, 워낙이 겁쟁이인지라 어떤 방식으로도 우리의 이상을 제대로 변호할 수 없다고 판명이 난 종교들로부터 우리의 최고 이상들을 바로잡아 내는 일 말이다.

어쩌면 당신은 이것이 당신의 능력을 넘어선 것이라고, 이것들이 뭔지 모르겠다고, 도덕적이고 올바른 것을 2천 년의 전통을 갖고 있는 교회들보다 더 잘 알 거라고 생각하는 것은 주제넘은 일이라고 여길지도 모르겠다. 그것은 맞지 않다.

며칠 전 동남아시아를 덮친 쓰나미의 비극적인 이야기가 전해지자마자, 우리 모두의 마음은 우리가 알지도 못하던 사람들을 향해 열렸다. 당신은 그들이 당신의 형제자매 혹은 하느님의 자녀라는 이야기를 들을 필요가 없다. 당신은 직관적으로 그리고 깊이 그것을 안다. 그것은 당신의 유전자 속에 들어 있다. 우리가 모르는 저 사람들의 고통을 향해 우리 안에서 샘솟는 부드러운 자비심, 그것은 '우리'의 부드러운 자비심이다. 하느님의 자비심, 예수의 자비심, 알라의 자비심이 아니라, 바로 우리의 자비심이다.

그 고귀한 소명을 주장하는 것은 우리의 가장 충만한 인간성에 대한 권리를 주장하는 것이다. 그리고 우리가 만들어내는 모든 신, 모든 구세주, 그리고 모든 천사는 그들의 힘으로 거룩한 것이 아니다. 그들의 거룩함은 우리한테서 빌린 것일 따름이다. 그것도 그들이 우리의 최고의 열망들을 구현하는 한에서만. 소란을 피우는 것은 신들이 아니라 바로 우리이다.

종교가 권위라든지 선함이라든지 하는 외적인 근원 앞에 엎드리는 것과 관련된다는 생각 너머로까지 우리가 자라기를 나는 바란다.

종교가 사제들은 선포하고 신자들은 순종하는 일이라는 생각 너머로까지 우리가 자라기를 나는 바란다.

만약 진리, 정의 그리고 연민의 화신, 곧 하느님의 화신이 존재한다면, 그 화신은 오랫동안 죽은 상태에 있던 신들, 예언자들, 그리고 구세주들의 모습이 아닌 바로 '우리'의 모습을 취해야 한다는 깨달음에까지 우리가 자라기를 나는 바란다.

일부 일류 종교 사상가들은 이것이 하느님의 성육신으로서의 예수라는 기독교 신화가 지닌 가장 깊은 의미라고 말해왔다. 그들은 초기 기독교가, 그것에 앞선 종교들과 달리, 하느님의 임재가 우리에게 효과를 발휘하도록 하기 위해서는 하느님의 모습이 인간의 모습, 곧 '우리'의 모습일 수밖에 없다고 말한 것으로 간주한다. 그러나 문자주의적인 종교들은 그것을 이런 식으로 가르치지 않았다. 그들은 그것을 하나의 초자연주의로서 가르쳐왔다. 이것은 그들로 하여금 일반 대중에게 힘을 나눠주는 데보다는 그들을 복종시키는 데 이 강력한 상징들을 사용하게 만든다.

정직한 종교의 영혼은 자신의 가장 훌륭한 모습을 추구하는 인간의 영혼이다. 모든 정당한 종교의 영혼은 인간의 정신이다.

나는 이것을 성경에서 맨 처음 읽었다. 그것은 모호한 구절이 아니다. 〈시편〉 중에서도 가장 잘 알려진 〈시편〉 90편의 마지막 부분이다. 그 시편은 몇 절에 걸쳐 하느님을 찬양하고 나서 간청하는 것으로 끝을 맺는다. 거의 반反종교적인 듯한 인상을 줄지도 모르지만 사실은 우리 인간이 할 수 있는 가장 심원한 종교적 간청이다. "주, 우리 하느님, 우리를 어여삐 여기시어 우리 손이 하는 일 잘되게 하소서. 우리 손이 하는 일 잘되게 하소서"(90: 17)라는 것이 그 간청의 내용이다.

그것은 우리 손이 하는 무슨 일을 의미하는 것이 아니다. 그것은 우리 손이 하는 더러운 일을 의미하는 것이 아니다. 그것은 우리 본성의 더 착한 천사들의 손이 하는 일을, 우리의 가장 높고 가장 신성한 열망들의 전달 수단을 의미한다. 우리는 저 천사들, 저 최고의 이상들에게 말을 건다. "주, 우리 하느님, 우리를 어여삐 여기시어 우리 손이 하는 일 잘되게 하소서. 우리 손이 하는 일 잘되게 하소서"라고 말하면서, 우리는 저 천사들, 저 최고의 이상들에게 우리의 가장 깊은 신념들을 실천할 용기를 요청하는 것이다.

그것은 지금, 그리고 언제나, 시작하기에 딱 좋은 지점이다.

맺음말

우리의 상황에 대한 가장 훌륭한 은유 중 하나는 장님과 코끼리에 관한 고대의 힌두교와 불교의 비유이다. 각각의 종교는, 그 최선의 상태에서도, 더 큰 진리의 한 부분을 밝혀주는, '장님' 중의 하나에 불과하다. 우리 가운데 누구도 삶을 총체적으로 또는 명확하게 보지 못한다. 사도 바울이 쓴 멋진 표현을 빌리자면, 우리는 단지 "거울을 통해 희미하게 볼" 수 있을 뿐이다. 이 말이 의미하는 것은, 모든 종교들(그리고 관련된 세속적인 학문 분야들)로부터 가능한 한 많은 사람이 한 테이블에 모여야 한다는 것, 우리는 타인에 대한 부드러운 자비심이 담긴 언어로 서로에게 말하는 법을 배워야 한다는 것이다. 오직 보통의 언어만이 이것을 할 수 있다.

우리를 계몽할 수 있는 다른 은유 또한 불교에서 나온 것이다. 모든 가르침, 스승, 종교, 그리고 지혜 전승은 달을 가리키는 손가락과 같다. 우리의 잘못은 손가락을, 다시 말해 어떤 종교의 신들을 숭배한다는 것이다. 우리의 과제는 손가락이 가리키는 고귀한 이상들을 보고 그 이상들을 구현하기 위해 함께 애쓰는 것이다.

예수는 하느님 나라를 우리 모두가 서로를 형제자매, 그리고 하느님의 자녀로 대할 때의 상황으로 묘사했다. 부처는 우리의 고통이 대부분 우리가 사물들에 대해 잘못 생각하도록 길들여진 방식에 있다고, 우리가 갖고 있는 환상들—우리에게 위안이 되는 환상들을 포함하여—로부터 스스로를 해방시킨다면, 우리는 현실 세계 안에서 그리고 현실로 존재하는 우리 자신 안에서 평화를 발견할 수 있을 것이라고 가르쳤다. 이슬람교에서는 알라가 아담에서 마호메트에 이르기까지 (무한한 숫자를 의미하는) 12만 4천 명의 예언자를 보냈다고 가르치는데, 이는 서로 다른 종교들이 똑같으면서도 각기 다른 메시지를 전하고 있다는 것을 의미한다. 그것이 한 전통을 위대하게 만드는 성숙한 가르침이다. 대부분의 이슬람교도들은—그들은 지하드聖戰로 가장한 폭력적인 광신자들이 아니다—자신들의 종교가 더욱 인간적인 가르침으로 돌아오는 모습을 몹시도 보고 싶어할 것이다.

우리는 우리의 모든 종교가 열망하는 가치와 이상을 보지 않을—그리고 그것을 바로잡지 않을—수 없고, 그 가치와 이상을 정치와 종교와 대중 매체를 비판하는 데 사용하지 않을 수 없다. 이것은 '세속적인' 사회를 위한 간청이 아니다. 그것은 우리의 정치인, 우리의 목사, 우리의 권위자가 배반하고 있는, 깊은 그리고 커다란 노력이 요구되는 도덕과 윤리에 기초한 사회를 위한 간청이다.

볼테르는 언젠가 말했다. "당신으로 하여금 불합리한 것들을 믿게 할 힘을 지닌 사람들은 당신으로 하여금 잔학한 행위들을 하게 할 힘도 갖고 있다." 문자주의적 종교가 안고 있는 위험은, 그 종교가 사람들에게 불합리한 것들을 믿으라고 가르치는 데 있는 것이 아니라 잔학한 행위들을 저지르게끔 준비시킨다는 데 있다. 주님의 이름으로 사람들을 죽인다? 높은 건물 안에 있는 죄 없는 사람들을 죽이고, 70명의 처녀들에게 고함을 쳐서 당신을 기쁘게 하라고 시킨다? 이러한 말들은 불합리할 뿐더러 잔학하기까지 하다.

우리는 그렇게 이 새 천년의 출발점에 서 있다. 우리의 정치 제도와 종교를 우리 중 가장 못된 자들에게 강탈당한 채로, 부자들의 곡조를 연주하는 파시스트 드럼 연주자들 뒤로 한 나라가 졸졸 좇아가는 이 새 천년의 출발점에. 그러는 사이에 부자들은 더욱 부자가 되고, 그들의 명령과 통제의 제국은 우리의 희망, 우리의 안전감, 그리고 우리 아이들이 우리보다 더 나은 삶을 누릴 것이라는 우리의 믿음 대부분을 파괴한다.

그러나 파시즘은 확신이라는 용기로 무장한 사람들에 의해 멈춰설 수 있다. 천안문 광장의 탱크 앞에 외롭게 서 있는 중국 학생을 생각해 보라. 우리는 혼자가 아니다. 우리 나라와 온 세계의 사람들은 정직하고 고귀한 대의명분 안에서 훌륭하게 동맹할 수 있다.

그리고 오늘날 공화당의 통치를 받고 있는 미국의 정치 현실을 감안하면, 공화당원들은 중요한 동맹자가 될 수 있다. 그들은 가장 큰 소리로 말할 수 있고 가장 큰 영향력을 갖고 있다. 공화당을 지지하는 기업과 종교 지도자들이 정치 제도를 장악하고는 있지만, 대다수의 공화당원은 그들 자신의 당 정책 때문에 고통받고 있다. 그들은 노후에 대비해 모아놓은 돈이 바닥나는 것을, 일자리가 해외로 이전되는 것을, 보건 의료가 기업들의 이윤 창출에 종속되는 것을, 그리고 우리의 안전이 줄어드는 것을 지켜보고 있다. 만일 공화당원 중 다수가 깨어난다면 그들은 이 행정부의 가장 무서운 적이 될지도 모른다.

미국의 모든 종교인, 특히 기독교인은—그들이 자신들의 종교를 되찾는다면—변화의 강력한 동인이 될 수 있다. 선량한 마음으로 성경을 읽어본 적이 있는 사람이라면 누구든지 폴웰과 같은 부류의 사람들이 이해하듯이 성경이 완고함이나 증오하고는 상관없는 책이라는 것을 안다. 기독교인들은 교회에 도전할 필요가 있고, 교회가 우리의 가장 못된 목사들의 저열한 종교가 아니라 예수가 대표했던 완전한 사랑을 설교하고 실천하라고 주장할 필요가 있다.

종교인과 공화당원 외에도, 다른 동맹들이 지난 수십 년 동안 교회에 정기적으로 나가지 않은 60~80퍼센트 미국인의 새로운 침묵하는 다수로부터 나와야 한다. 그들은 사제들이 흐려놓은 높은 이상을 바로잡는 예언자 역할을 맡을 필요가 있다. 부도덕하고 불충한 사제들의 종교를 고발하기 위해 변방에서 올라온 히브리 성경의 예언자들처럼, 역설적으로 이 집단은 누구보다도 가장 '종교적인' 역할을 감당할 수 있다. 주요 예언자들이 당대의 공식적인 종교 의식에 참여했는지 그것을 좋아했는지는 불분명하다. 하지만 서구 종교들의 가장 높은 도덕적 기준을 말한 것은 사제들이 아니라 예언자들이었다. 오늘날에도 똑같은 것이 진실일 수 있다.

민주당원과 정치적 좌파라는 사람들은 어떤가? 만일 그들이 1960년대식의 개인적인 권리를 주장하는 언어를 넘어 더 성장할 수 있다면, 그래서 민족주의, 애국심, 종교, 도덕, 개인의 책임 같은 미국에서 가장 중요한 어휘들을 바로잡는 길을 찾는다면 그들은 변화에 영향을 미칠 수 있을 것이다.

이 작은 책에 '끝'을 쓰는 것은 때 이른 일처럼 보인다. 우리에게 필요한 것은 끝이 아니라 시작이다. 미국의 선량한 사람들은 대부분 활동하지 않고 가만히 있도록, 심지어 잠에 빠져 있도록 길들여져 왔다. 우리는 너무 오랫동안 잠들어 있었다. 우리가 잠들었을 때, 우리 주변 세상은 명목상의 민주주의로부터 철저한 파시스트 미국을 향해 날마다 조금씩 다가가는 원파시즘proto-fascist 국가로 재정의되었다. 시간이 너무 늦기 전에 우리는 잠에서 깨어나서 행동할 수 있는가? 우리는 그렇게 할 것인가? 솔직히 나는 모른다. 종종 가망이 없어 보이기까지 한다. 그러나 모든 것, 절대적으로 모든 것을 위해, 반드시 우리는 그렇게 할 수 있고 또 그렇게 하리라고 나는 희망하고 기도한다.

옮긴이의 말

13편의 설교를 묶은 이 책 《아메리카, 파시즘 그리고 하느님》은 분량은 얼마 안 되지만 내용이 풍부하고 깊으며 곳곳에서 신학적 통찰력이 엿보인다. 이 책은 오늘날의 한국 교회와 관련해서도 여러 가지를 생각하게 하는 의미 있는 저작이라 여겨진다.

책을 읽는 독자들의 관심 분야에 따라 이 책에 대한 다양한 평가와 적용이 가능할 테지만, 이 책이 한국 교회의 신앙 양태와 설교에 대해 실천적으로 암시하는 바를 몇 가지로 나누어 정리해 보았다.

우선 눈에 띄는 것은, 저자가 이 책을 '한 이단 목사의 설교' 라고 말하고 있다는 점이다. 왜 저자는 불경스럽게 '이단' 이라는 꼬리표를 자신에게 달고 있을까?

우리는 그리스 신화에 나오는 프로크루스테스의 쇠 침대 이야기를 통해 저자가 이단과 대칭 개념인 정통 신앙을 어떻게 평가하는

지 살펴볼 필요가 있다. "정통 신앙은 한 집단에 의해 승인되고, 해당 종교 내의 모든 사람에게 허용되는 믿음의 범위로 사용되는 일련의 신념이라고 부를 수 있다. 이런 방식으로 바라보면 이단은 신성하고, 정통 신앙은 신성 모독이다. 이단은 건강하게 살아있는 거룩한 정신이어서, 당신을 온전하게 해줄 믿음을 발견하도록 도와준다. 정통 신앙은 당신을—그리고 모든 신들을—집단의 크기에 맞게 싹둑 잘라내는 일종의 집단 사고이다."

놀랍게도, 저자는 정통 신앙과 이단을 살짝 뒤집어놓는다. 일정한 틀 안에 갇혀 자신의 입장만 옳다고 생각하는 정통 신앙이야말로 본질적으로 신성 모독이라는 것이다. 그래서 저자는 "진심에서 우러난 모든 믿음이 똑같이 환영받고 똑같이 '순수한' 것으로 여겨지는 분위기를 유지하는 것이 중요하다"고 말한다.

한국 교회에서는 이따금 정통 신앙 논쟁이 벌어진다. 대개는 성서 해석과 신학적 입장의 차이 때문에 벌어지는 논쟁인데, 사실 냉정히 평가해 보면 한국 교회에서 말하는 정통 신앙은 성서적으로 확실한 근거를 갖지 못한 경우가 적지 않다.

내 생각에는, 정통 신앙과 이단을 판가름하는 기준은 '생명 살림'이어야 한다. 추상적 · 관념적인 교리 논쟁을 벌일 것이 아니라, 생명 살림이라는 구체적 · 실천적 관점에서 소위 정통 신앙의 모든 교리와 신앙 실천을 비판적으로 평가하고 반성하는 것이 이 땅의 기독교가 살아남는 길이다.

정통 신앙을 근본적으로 문제삼는 저자의 입장은 곧바로 근본주의에 대한 비판으로 이어진다. "올바른 입장은 오로지 하나뿐이며 바로 자신들이 그런 올바른 입장에 서 있다고 생각하는 사람들이야말로 이 세상에서 가장 위험한 사람들이다. 근본주의자가 되기란 정말 쉽다. 현실 세계의 복잡한 요구들을 정당하게 다루기에는 턱없이 부족한 몇 가지 아주 간단한 가르침만 고수하면 된다."

저자는 한 걸음 더 나아가 근본주의의 정치적 함의를 주목한다. "근본주의와 파시즘 사이에는 놀랍도록 강하고 깊은 유사성이 있다. 둘 모두 거의 동일한 의제들을 갖고 있다.…… '우리' 기독교인 근본주의자들이 '그들' 이슬람 근본주의자들과 똑같은 증오의 목록을 갖고 있다는 것이 우연의 일치가 아님을 깨닫는 것이 아주 중요하다! 세계의 모든 근본주의 운동의 의제는 종교나 문화와 상관없이 거의 동일하다."

아울러 저자는 문자주의에 대해서도 비판한다. "문자주의야말로 정직한 모든 종교에 치명적인 적이다.…… 문자주의적 종교가 안고 있는 위험은, 그 종교가 사람들에게 불합리한 것들을 믿으라고 가르치는 데 있는 것이 아니라 잔학한 행위들을 저지르게끔 준비시킨다는 데 있다."

한국 교회를 바라보면서 참 안타깝게 여겨지는 것이 있다. 한국 사회는 다방면에서 하루가 다르게 발전하고 있는데 세월이 흘러도 변하지 않는 것 말이다. 바로 성경에 대한 문자주의적 해석, 그리고 이런 편협한 사고의 틀과 맞닿아 있는 근본주의이다.

냉정하게 생각해 보자. 한국 교회의 목회자들과 신자들 중에 문자주의와 근본주의에서 벗어나 주체적으로 자유롭게 사고할 줄 아는 사람이 얼마나 될까? 한국 교회가 율법주의 신앙에 빠져 결과적으로는 성경의 핵심인 생명 존중의 정신에서 멀어진 것을 어찌할 것인가? 인간의 비판적 이성의 창조적인 힘을 외면하는 문자주의와 근본주의의 함정에서 벗어나는 것은 향후 한국 교회의 생사가 달려 있는 중요한 문제이다.

한국 교회의 대다수 신자들은 '종교'라는 말을 들으면 저 하늘 어딘가에 계실 하느님이나 죽은 후에 가는 천국을 떠올릴 것이다. 그런데 저자는 말한다. "종교는 하느님 혹은 신들에 관한 것이 아니다. 지금 여기에서 더 지혜롭게 잘 살아가는 방법에 관한 것이다."

다시 말해 저자는 종교의 초점을 하느님으로부터 인간으로, 초월적인 내세로부터 지금 여기에서의 삶으로 바꾼다. 이것은 신성 모독적인 말처럼 들린다. 그런데 저자는 저 유명한 손가락으로 달을 가리키는 비유를 들어 말한다. "우리의 잘못은 달을 가리키는 손가락을, 다시 말해 어떤 종교의 신들을 숭배한다는 것이다. 우리의 과제는 손가락이 가리키는 고귀한 이상들을 보고 그 이상들을 구현하기 위해 함께 애쓰는 것이다."

이렇듯 저자는 종교의 지평을 인간의 실천 영역 속으로 끌어내린다. 종교적으로 힘 있는 자들의 손에 놀아나는 꼭두각시 신들에게 맹목적으로 순종하고 내세의 천국을 소망하는 것이 종교의 본질은 아니라는 것이다.

역사적 예수가 살았던 모습을 깊이 숙고해 보면 저자의 말이 옳다고 생각된다. 예수는 지상에서 얼마나 치열하게 살았던가. 예수는 고상한 인간적 가치들을 실천할 수 있는 능력을 사람들에게 부여하려고 얼마나 애썼던가. 그런데 예수 이후의 정통 기독교에서는 신앙의 초점을 오직 하느님께만 두고 인간의 능력을 평가절하하는 데 혈안이 되었던 것은 아닌가.

저자는 특별한 종교 언어나 신학적인 전문 용어가 아니라 누구나 쉽게 이해할 수 있는 언어로 우리의 이상을 표현하는 길을 찾는 것이, 오늘날 가장 중요한 종교적 과업이라고 말한다. 예수와 아모스, 예레미야, 호세아, 미가 등 고대 히브리 예언자들처럼, 제도 종교로부터 우리의 최고 이상들을 바로잡아 내고, 그것들을 모든 사람이 사용하는 보통의 언어로 표현하는 것이 필요하다는 것이다.

그런데 이 보통의 언어는 종교들 사이의 대화와 상호 이해에도 필요하다는 것이 저자의 생각이다. “다원주의 세계에서 전문 용어는 우리를 분리시킬 뿐이다. 우리는 한자리에 모여 우리가 실제로 믿는 것을 보통의 언어로 말할 수 있어야 하고, 그래서 타종교인들이 우리를 이해할 수 있고, 서로 별반 다르지 않다는 것을 인식할 수 있어야 한다."

저자는 이 책에서 보통의 언어로 설교를 하려고 애썼다고 고백한다. 독자들도 책을 읽으면서 느낄 테지만, "정말 이게 설교인가?" 하는 의문이 들 정도로 저자는 성서적 · 신학적 전문 용어를 거의 사용하지 않는다. 교회 밖에서 소통되는 보통의 언어들이 그대로 설교 용어로 사용된다. 그래서 세속과 거룩함, 세상과 교회가 이분법적으로 나누어지지 않고 끊임없이 교류하고 소통한다. 한국 교회의 목사들과 신학자들은 이 점을 주목해야 할 것이다.

한국 교회의 설교는 다분히 종교적 · 도덕적 색채를 가질 뿐이지, 오늘날 사람들이 몸담아 살아가고 있는 현실 세계를 올바로 이해하는 데 필수적으로 요구되는 정치 · 경제적 분석이 거의 없다. 그래서 설교를 듣는 순간에는 은혜가 넘치는 것 같아도, 시간이 지나면 공허한 설교가 되고 만다.

여기에 반해 저자의 설교는 미국 사회 전반에 대해 날카롭게 분석하고 평가한다. 예를 들어 세계를 충격과 경악으로 몰아넣은 2001년 9월 11일의 미국 여객기 동시다발 테러 사건에 대한 보수주의 진영 목사들의 반응을 비판하면서 저자는 이렇게 평가한다.

"그들의 공격은 이기적이고 피비린내 나며 악하기 짝이 없는 미국의 군사적 · 경제적 행동과 정책에 대한 깊은 증오심에서 나온 것이었다. 우리에게 펜타곤은 미국 군사력의 상징이다. 그들에게 펜타곤은 약탈을 일삼는 나라를 섬기는 군사력의 상징이다. 하지만 더 큰 목표물, 더 큰 상징은 뉴욕에 있는 세계무역센터의 쌍둥이 빌딩이었다. 이 공격은 자유나 민주주의, 또는 무슨 종교와 관련된 것이 아니라 경제와 관련된 것이다."

풍부한 역사적 사례들을 동원하는 저자의 예리한 비판과 통찰력은 미국의 경제, 그리고 자본주의와 기업에 대한 설교에서도 빛을 발한다. 〈자본주의의 어두운 신〉이라는 설교에서 저자는 말한다.

"나는 신들과 우상들 사이의 이 전투에, 그리고 오늘날 우리 경제 속에서 이 전투가 어떻게 벌어지고 있는지에 관심이 있다.…… 민주주의와 사익 추구 사이의 전투는 이 미국이라는 나라가 시작된 이래로 지금까지 끊임없이 계속되고 있다.…… 국민이 국가를 통치할 것인가, 아니면 대기업이 국가와 국민을 통치할 것인가? 우리는 지금 저울의 눈금이 자본주의 쪽으로 심하게 기울어져 민주주의에서 멀리 떨어져 있는 시대에 살고 있다."

그러나 저자는 신학자요 설교자답게 문제의 본질을 또한 파고든다. "그러나 우리의 문제는 주로 경제적인 것이 아니라 종교적인 것이다. 우리는 거짓 신들을 숭배하고 있다. 일단 돈이 신으로 바뀌면, 모든 신들이 그랬듯이, 그것은 질투하는 신으로서 자기 앞에 다른 어떤 생각도 가져오지 못하도록 할 것이다. 자본주의를 찬미할 때, 우리의 문제가 돈과 관련된 것이 아니라는 걸 볼 수 있고 또 느낄 수 있다. 그것은 신학적인 문제이다."

아프가니스탄의 이슬람 근본주의 무장 세력인 탈레반에게 한국인 23명이 납치되어 벌써 두 번째 희생자가 나왔다는 소식을 접하고 착잡한 심정으로 역자 후기를 쓴다. 피랍자 가족들의 애타는 심정에도 아랑곳없이 인질 석방을 위한 협상은 별 진척이 없다. 고귀한 인간의 생명을 담보로 하여 끈질기게 자신의 입장을 관철하려는 근본주의는 참 무섭다는 것을 뼈저리게 실감한다.

한국 교회는 이번 피랍 사건을 기독교 근본주의든 이슬람 근본주의든 일체의 근본주의를 성찰하고 반성하는 계기로 삼아야 할 것이다. 〈근본주의의 의제〉를 설교 제목으로 삼을 만큼 근본주의의 본질적인 문제들을 깊이 파고들어 진지하게 다루고 있는 이 책이 근본주의에 대한 한국 교회의 관심과 토론을 불러일으키는 신선한 자극제가 되었으면 한다.

이 책이 나오기까지 많이 수고하신 출판사의 여러 식구들께 감사를 드린다. 사랑하는 아내 숙淑, 그리고 하느님의 은총 속에 쑥쑥 자라는 아들 진교와 딸 민교에게도 고마운 마음을 전하고 싶다.

2007년 8월 4일

정연복

샨티의 책은 후원회원들의 도움으로 만들어집니다.
후원회원에 가입하여 이 책이 출간될 수 있도록 도움을 주신
개인 및 단체/기업에 깊이 감사드립니다.

평생회원

이슬, 이원태, 최은숙, 노을이, 김인식, 은비, 여랑, 윤해석, 하성주, 김명중, 산나무, 장원, 일부, 박은미, 정진용, 최미희, 최종규, 박태웅, 송숙희, 황안나, 최경실, 유재원, 최영신, 홍윤경, 서화범, 이주영, 오수익, 문경보, 최종진, 여희숙, 조성환, 김영란, 풀꽃, 백수영, 황지숙, 박재신, 염진섭, (주)드림, 이재길, 이춘복, 장완, 한명숙, 이세훈, 이종기, 현재연

단체/기업회원

환경재단 (주)김정문알로에 KIM JEONG MOON ALOE CO. LTD. design Vita

샨티는 '몸과 마음과 영혼의 평화를 위한 책'을 내고자 합니다. 샨티의 책들을 좋아하고 샨티가 계속해서 그 설립 취지에 맞는 책을 낼 수 있도록 도움 주실 분들은 후원회원으로 가입해 주십시오. 후원회원에는 평생회원과 일반회원, 단체/기업회원이 있습니다. 전화(02-3143-6360~1)나 이메일(shanti@shantibooks.com)로 문의하시면 자세히 안내해 드리겠습니다.

후원회원이 아니더라도 이메일로 이름과 이메일, 전화번호, 주소를 보내주시면 독자회원으로 등록되어 신간과 각종 행사 안내를 이메일로 받아보실 수 있습니다.